编写委员会

ENTREPRENEURSHIP
& CASES

大学生创业案例教程

李军凯/主编

COURSE OF CASES OF
COLLEGE STUDENTS' ENTREPRENEURSHIP

人民出版社

序

2013 年 5 月 4 日，习近平总书记同各界青年代表座谈时强调："创新是民族进步的灵魂，是一个国家兴旺发达的不竭源泉，也是中华民族最深沉的民族禀赋。"《易·系辞传》中有"日新之谓盛德"之语，《礼记·大学》有"苟日新，日日新，又日新"之典故，溯其本源，"创新"一词似当滥觞于此。在当前我国社会发展的关键历史节点上，"创新精神"这一中华民族的鲜明禀赋和中华文化的深沉内蕴，无疑会成为推动社会进步的强大动力。

在经济发展新常态下，高等学校的创新创业教育改革势在必行，而为实现中华民族伟大复兴的中国梦培养更多富有创新精神、创业意识和创新创业能力的复合型人才也是高等学校义不容辞的责任。河北大学高度重视"双创"教育，多年来始终坚持将创新创业教育融入专业教育之中，充分发挥综合性大学学科优势，将创新创业人才培养纳入学校中心工作体系。

河北大学 1921 年创建于天津，初名天津工商大学，之后六易其名，经历了津沽大学、天津师范学院、天津师范大学等发展时期。1960 年，学校改建为综合性大学并定名河北大学。1970 年，迁至历史文化名城保定。河北大学是河北省人民政府与教育部最早共建的大学，是河北省唯一入选中西部"一省一校"国家重点建设大学的高校，也是河北省"双一流"建设一层次高校。学校拥有除军事学之外的全部 12 大学科门类，是全国学科门类设置最齐全的高校之一。学校"双创"教育起步早，建有河北省高校第一个创业学院、创业园、留学归国人员创业园和单独建制的创新创业教育专门性机构——创新创业指导中心，是全国首批毕业生就业工作典型经验高校、全国就业工作先进集体、全国首批深化创新创业教育改革示范高校、河北省首批创业孵化示范基地等等。

今天呈现在大家面前的这本书，采撷河北大学十年创新创业之精英，基此阐发创业案例成功之缘起，标举"融通"育人之理念，案例选择见微知著，评价论断铢两相称，可以说在一定程度上反映了学校十年间"双创"教育的发展历程、教育理念和累累硕果。案例得以结集出版，得益于广大校友的大力支持和一批青年教师的广泛搜集和精耕细作。

河北大学秉承"实事求是，笃学诚行"的校训，与时俱进，锐意进取，始终以"博学、求真、惟恒、创新"之姿态砥砺人师，培育栋梁。建校 96 年来，学校培养了 30 多万名优秀毕业生，为国家经济社会发展作出了突出贡献。广大青年是国家和民族的希望，是最具创新精神和活力的群体，应当走在创新创业的前列。吾辈更应以人才培养、科学研究、社会服务、文化传承与创新为基本立足点，进一步深化创新创业教育改革，为实现中华民族伟大复兴的中国梦尽应有之力！

郭　健

河北大学党委书记

2017 年 6 月

前　言

2014 年 9 月夏季达沃斯论坛上，国务院总理李克强提出了"大众创业、万众创新"的新理念和新战略。2015 年，国务院办公厅出台了《关于深化高等学校创新创业教育改革的实施意见》（国办发〔2015〕36 号），随之一系列鼓励创新创业的优惠政策密集出台，极大地激励了大学生投身创新创业的热情与动力，在"大众创业、万众创新"的浪潮中，涌现出了千千万万大学生创新创业的优秀典型。

为了全面贯彻教育部深化创新创业教育的有关要求，普及创新创业教育，培养学生的创新精神、创业意识和创新创业能力，河北大学开设了《创业基础》通识课程，根据课程特点和实际，任课教师在教学中引用了大量创业案例，目的在于引导学生认识创新创业，从成功人士的创业经历中汲取经验。经调查，高大上的通用案例固然重要，但是与大学生创新创业实际情况差距明显。那么，能不能找我们学校近几年创业的毕业生，把他们的创业故事作为教学案例？于是，便启动了本书的编写工作。

本着从身边的案例寻找故事的思路，我们采访了河北大学近几年毕业的从事创新创业的校友，他们在教育、医疗、金融、贸易、文化创意、"互联网 +"等方面经历的创业故事、取得的骄人业绩，深深感动了我们。他们身上体现了河大人的执着与追求、憧憬与梦想，也彰显了河大人的坚毅和创造！

这些年轻的创业者们，有着很多不平凡的故事，每一个故事就是一个企业的成长写照。他们有的是积累了一定的工作经验与资源之后走上创业路的，也有的在校园内就着手开始创业；有的是从事本专业的创业，也有的从事非专业的创业，更有甚者，创业与专业相差甚远，但是总有一点相似，那就是他们都有着敏锐的商机意识和执着的创新精神。总而言之，每个人的故事都令人感动，都是一本活生生的教材，无论你是创业还是就业，都能从他们的创业故事中汲取营养与激励。

这些年轻的创业者们，经历了困难的砥砺，见证了风雨后的彩虹。创业与困难相伴而生，成长与奋斗共生，没有困难的创业经历好像没有故事一样。在我们的采访过程中，有的创业者确实经历了刻骨铭心的困难，也有人视困难如鸿羽，谈笑间"樯橹灰飞烟灭"。他们的经历是一笔丰厚的财富，无论对于他们自己、他们的家人还是对于我们身边的每一个人。

24个创业故事，25个人的创业经历，描绘的是一幅年轻人创新创业的激情画卷。他们或在商业模式方面有新创建，或在资源整合方面有新方法，或在团队建设方面有新建树，或在产品设计方面有新创意。无论从哪个视角看，都彰显了创业者的独特魅力。每一个创业故事，展现的都是创业者昂扬的创新创业精神、敏锐的商机意识和强大的资源整合能力。

25位年轻的优秀校友，他们的创业或许刚刚起步，或许正处于成长期，他们的故事代表的不仅仅是他们自己，更是河北大学近几年创新创业者的优秀群体。作为百年名校，河北大学为国家培养了30余万优秀毕业生，校友遍布海内外，从国家领导人到各行各业的平凡劳动者，无一不在实践"实事求是，笃学诚行"的校训精神，无处不在彰显"博学、求真、惟恒、创新"的校风品格。广大校友用他们的创造力，为经济社会发展作出了独特的贡献，取得了令母校感到光荣的业绩。他们的经历，尚需要我们认真地去挖掘、收集、学习、传播。

大学是人生最宝贵的阶段，我们诚恳地希望同学们认真学习，从24个真实的故事中感悟"大众创业、万众创新"的真谛，从师兄师姐的创业经历中汲取职业生涯发展的营养。基于此，我们完成了本书的编写。

成书过程中，各院系鼎力支持，认真组织，积极推荐了优秀的创业校友，给予了莫大帮助，在此，一并表示感谢！

本书分为文化创意、教育培训、服务与营销、"互联网＋"创新、生物医药与技术研发 5 个类别，结集成册。由于成书时间仓促，采访深度不一，难免挂一漏万，不当之处，敬请指正。

编　者

2017 年 5 月

目　录

序 /001

前　言 /001

第一篇　**文化创意类** /001

明日之星——看他如何创新青年传媒 /003

勇立潮头——文化创意路上快马扬鞭 /012

另辟蹊径——做互联网和传统手工业的"红娘" /021

脚下有一片土——情怀建筑师的创业之旅 /029

拨云见日——扎根校园文化谈笑风生 /038

第二篇　**教育培训类** /047

情怀筑梦——美女艺考生跻身艺考培训界 /049

厚积薄发——帅小伙抢占儿童教育新天地 /057

第三篇　**服务与营销类** /065

取长补短——开启国际新征程 /067

长风破浪——服务领域梦想绽放 /075

不忘初心——保险理赔"守门人" /083

学以致用——化学高材生进阶仪器贸易达人 /093

突破发展瓶颈——而立之年投身仪器行业 /100

精致营销——理科生打造首都高端房产交易平台 /108

矢志不渝——断臂女孩开拓食品安全的"蓝海" /116

第四篇 "互联网 +"创新类 /125

勇攀高峰——国际舞台上的大学生创业曲 /127

耕耘梦想——IT 男逐梦创业之旅 /136

英雄梦想——酒店行业中的艺术奇葩 /144

做最适合自己的事情——IT 精英玩转互联网金融 /153

稳中求胜——理科男开辟互联网金融新天地 /162

第五篇 生物医药与技术研发类 /169

锲而不舍——开辟医疗健康新模式 /171

生命怒放——生物医药领域铸就梦想 /180

突破自我——程序员转战环保领域 /188

立足专业——生物仪器造就青年企业家 /195

乘时借势——投身电气行业披荆斩棘 /203

第一篇　文化创意类

　　文化创意产业是经济全球化背景下的新兴产业，它以文化资源为依托，以创造力为核心，以多样的新型市场营销模式为羽翼，并且具有极高的经济附加值。文化创意产业是撬动经济转型升级的重要支点和培育新经济业态的重要资源，是引领资本和经济社会发展的导向和航标，改变了人类经济生活的面貌，极大地开拓了现代市场。

　　纵观当代的中国文化，既拥有悠久历史所赋予的丰富的本土文化资源，又充分吸收了外来文化的精华，这样的行业特质吸引了许多有想法、敢创新的创业者，为他们提供了肥沃的创业土壤，加之国家政策扶持、公众生活观念转变等利好条件，许多创业者纷纷进军这一领域。创业者们借助大环境的优势，发挥自身的创造力，创造了许多标新立异却契合消费者需求的创新创业项目，在文化创意领域占得一席之地。

明日之星

——看他如何创新青年传媒

【人物名片】

创业英雄：程鹏

出生年月：1994 年 10 月

所学专业：播音主持艺术

毕业时间：2018 年 6 月

创业项目："橄榄枝计划"，主要业务是"网络新媒体"，即主要针对目前国内文化传媒形式，通过互联网和实体文化活动这一表现形式，为个人或团体提供高品质的文化商业服务，充分地将高品质文化产品推到平民百姓中间。

【前情提要】

程鹏，河北大学新闻传播学院 2014 级播音主持艺术专业的学生。在

"大众创业、万众创新"的浪潮下，程鹏投身时代的巨浪，成为创业大军中的一名弄潮儿。从大一到现在两年多的时间里，他都在创业这条道路上不断探索，创办了"飞声文化传媒"公司，做"橄榄枝计划"项目，主要业务则是"网络新媒体"。曾获得 2016 年"创青春"河北大学大学生创业大赛特等奖。他勇敢经受青春之火的洗礼，一步一步走出了一条属于自己的创业之路，点亮了自己别样的大学时光。

【创业故事】

1.60 平方米的公司

位于保定市七一路与东三环交叉口，总建筑面积达 50 万平方米的未来石自竣工以来，吸引了众多投资者的目光。程鹏在这幢设计独特、造型美观、地理位置优越的建筑物里，拥有一间属于自己的 60 平方米的小天地。

由于刚刚竣工，未来石周围的基础设施还未完善，高耸建筑物的周围显得空旷寂静。天黑得较早的冬天，只能借着几盏昏暗的路灯勉强看见脚下的路。楼内也未装修完成，大都是雪白的墙壁，隐映在墙中的灯线还裸露在外面。穿过悠长的楼道，我们的脚步声清晰可闻。在未来石 2 号楼 6 层 613 室我们见到了程鹏。播音专业出身的他吐字清晰，声音富有磁性，整齐的背头，黑色的高领毛衣，眼袋很深但目光坚定，给人一种严谨踏实的感觉。就在这间略显狭窄的办公室我们开始了此次的采访。尽管设施简陋，采访中途还一度断电，但这间 60 平方米的屋子，作为创业者程鹏的新起点，倾听着这位有志青年的创业故事，见证着这位实践者奋力拼搏的青春岁月。

2. 个人兴趣 + 师友支持

巴斯德说过："立志是事业的大门，工作是登门入室的旅途。"马云也曾说："这个社会是需要有智慧的人的，智慧是靠实践得来的，而知识是靠勤奋得来的。"程鹏很赞赏马云说的这句话，对他而言，成为一个智慧的实践者更重要，他愿意早早踏入这"登门入室"的旅途。

谈起为什么会创业这个问题，这个"实践者"给了我们很明确的答案。"兴趣 + 支持"使他有勇气开始踏上这充满坎坷的艰辛征程。

青春须早为，岂能长少年。大学一年级，对于很多受了十几年应试教育的孩子来说，是放飞自我、乐享当下的一年。而就在大一，程鹏已经考虑自己未来的发展问题了。他在"玩"的过程中，开始寻找自己的兴趣。大一的时候，因为接触到拍视频、剪片子这些工作，他发现自己对拍视频很感兴趣，包括很多拍摄手法运用、镜头角度的选取都让他着迷。再加上从小受到做生意的父母的耳濡目染，便逐渐有了开始创业的想法。而真正开始有创业的决心，是遇到了一群和他志同道合的小伙伴。"一拍即合"，程鹏用这四个字形容他们之间的关系。刚开始的时候，他们把在德翰园租的房子作为办公地点，几个小伙伴入住进去，就这样，几十平方米的小窝成了他们创业的园地，在这里，他们开始夜以继日地追逐创业梦想。写策划、做预算、头脑风暴……一群年轻人在

程鹏工作照

几十平方米的屋子里，开始了自己的创业之路。但是，他们的事业真正有所发展，还是离不开新闻传播学院老师们的鼎力支持。"为什么不做一番你自己喜欢的事业呢？"这是河北大学新闻传播学院播音主持艺术系主任李亚虹老师在程鹏创业之初说的一句话。程鹏告诉我们他一直记着恩师的这句话，在老师的鼓励下，他们这个团队创办了几次很成功的大型活动。包括"秋韵""新年新诗会"等这几个受到广泛关注的活动都出自他们创业班底的策划与跟进推行。

3. 梦想照进现实——"橄榄枝计划"

当谈起现在公司的创业项目时，工作了一天已经有些疲惫的程鹏顿时神采奕奕，为我们讲起了公司的项目计划。

程鹏所创办的公司叫"飞声文化传媒"，所做的项目叫"橄榄枝计划"，主要业务则是"网络新媒体"。他认为，国内文化消费的持续提升，推动了文化产业的发展；国民收入的提升，促进了文化消费的欲望；互联网的发展，催生了新文化消费。随着国内互联网文化服务水平的提高，互联网文化已经发展成为人们获取文化资讯内容的重要渠道。互联网文化现已经进入平稳增长期，同时，网络视频使用率自 2010 年以来保持在 62% 以上。"橄榄枝计划"就是针对目前国内文化传媒形式，通过互联网和实体文化活动这一表现形式，为个人或团体提供高品质的文化商业服务，充分地将高品质文化产品推到平民百姓中间。

"我是一个说干就干，有想法就要马上去实施的人，我更愿从一步一步的实践中，获得我想要的东西。"这是程鹏的自我评价，我们可以看到"实践者"程鹏的梦想已经照进现实，相信不久将会开出更加美丽的花儿来。

4. 精准定位：创新、特色、物美、价廉

创业初期，程鹏的创业团队就在保定莲池区进行了实地调研和考察，并通过后期的市场分析及需求分析，将目标消费群体锁定于年龄在 18—

35 岁之间的青年群体以及学校、企业等团体。

"橄榄枝计划"着重在于使项目定位在市场中拥有较大潜力。故其定位为：创新、特色、物美、价廉。创新即公司采用网络公司与实体公司相结合的经营方式，充分扩展服务空间。特色即首先是交友空间，客户可以在公司成立的俱乐部举行文化沙龙，文化交流使每个人的思想在这里碰撞出火花，并且结交到与自己志趣相投的朋友；其次公司还开设涂鸦专区，顾客可以把自己的心得感想、人生感悟、箴言警句，甚至是联系方式以各种方式涂在涂鸦板上，既作为一种休闲放松方式，又能在涂鸦板上交友，增强顾客的互动交流，饱含时尚气息。物美即公司将购进专业的设备，邀请专业的制作人员，为大众提供特色的影视观赏设备，无形式限制，满足广大年轻人的不同喜好；另外公司将对产品的制作流程、产品质量进行严格控制，保证客户得到满意的高品质文化产品。价廉即表现在个性化定制消费价格较为适中，不需大笔投入，可以为普通青年群体所接受，而且客户可以通过网络途径与我们交流，不必亲自来，节省了客户的时间成本。

"橄榄枝计划"为互联网与实体经营综合一体化的项目，包括线上微博、微信等公众平台的互联网文化产品，以及通过俱乐部形式为创客们提供交流平台，为企业老板提供商务洽谈服务，为高端用户提供高质量文化产品服务包括视听及心灵上的更新体验。此项目最基本的创新点在于通过实体与互联网相结合，打造在互联网平台下的高端综合一体的生态文化圈，建立（文化＋大众＋城市)×N，成为大众日常生活中不可或缺的精神充实产品。

5."线上＋线下"，打造年轻人的"乌托邦"

程鹏的创业团队一直希望通过了解大学生的特性，打造出能够吸引大学生的文化产品。而这些产品是时尚与传统的结合，半社会化与半校园化的结合，并且是一种文化的象征。通过线上的视频推广，进行广告的软植入甚至是"消磨化"的植入以达到推广效果。而且由于依赖于身边人的推荐，更能增强信任感。

程鹏工作照

　　程鹏讲："目前的线上推广略显单薄，因此在 2017 年的 5 月份，我们计划打造一款线下产品——801 俱乐部。"他告诉我们由于创业之初的办公室门牌号是"801"，因此这款线下产品取名为"801 俱乐部"。可以说，"801"承载着这个创业团队最初的梦想与热情，更承载着这群年轻人对未来的希冀与渴望。他们希望"801 俱乐部"可以成为一个城市中的一个点，这个点汇聚着这个城市有相同兴趣爱好的年轻人，他们可以在这里交友、娱乐、休闲，实现真正的人与人之间的传播。不同的人可以在这里进行桌球游戏、室内攀岩等各种各样的室内活动，形成年轻人的"乌托邦"。另外，这种"点"不是单个孤立的，而是在各个城市都有设立，由点到面，形成矩阵式网络规划，将人与人之间的距离切实地拉近。

【创业感悟】

1.躬身实践，不止于想法

程鹏讲，作为新一代有着多元思想的青年人，想法层出不穷，可怕的是想得太多，做得太少，缺乏付诸实践的勇气。虽说创业绝对不是一个简单的事情，但是不去尝试，就永远不会有成功的可能，或许勇敢地迈出第一步，才会点亮自己新的人生路。年轻是最珍贵的资本，敢想敢做才是一名有为青年的姿态，小小的想法，只要付诸实践，就会有无限可能。相信自己，相信伙伴，相信星星之火，定可燎原。

2.成功在于坚持，创业需要韧性

所谓"剩者为王"，如大浪淘沙，最后能够剩下来的就是王，创业是一个过程，这个过程注定孤独漫长，布满荆棘，绝不是能够一蹴而就的。既然选择了远方，便只顾风雨兼程。面对创业过程中无法预知的困难，需要多几分坚持与努力，少几分气馁与埋怨。

3.懂得专注，学会舍得

程鹏认为，现在大学生创业失败最主要的原因是过于盲目，不够专注。小团队必须要专注，你一定要把很多东西舍弃，才能得到。专注在非常有限的事情上，简化要做的事情，做有限的事情，而不是不论主次，"面面俱到"。

【智慧点睛】

1. 创新源于生活，比创业更重要

"大众创业、万众创新"，我们总在提倡创新创业，但是创新比创业更为重要。新闻与传播专业的学习，使程鹏有敏锐的嗅觉和市场洞察力，他的"橄榄枝计划"项目，是基于当前网络新媒体的蓬勃发展。如今科技日新月异，每一个行业市场都近乎饱和，对于在校大学生来讲，巨大的创新很困难，但是创新的意识很重要，因为生活是无尽的灵感源泉。正是因为程鹏能够结合自己的专业特长，不安于现状，用心生活，不断创新，才有改善生活的创新项目。

青春如初春，如朝日，如百卉之萌动，如利刃之新发于硎，人生最宝贵之时期也。有梦想，并且努力追逐梦想，这应该是青春应有的最美丽的样子。

2. 精准定位，直击用户痛点

创业初期，程鹏的创业团队做了大量的市场调研与分析，最终将目标消费群体锁定于年龄在18—35岁之间的青年群体以及学校、企业等团体，并且详细地分析了每一类受众的具体需求。只有前期调研工作足够充分全面，才能真正地抓住用户的痛点，服务才能更有针对性。这些初期的准备为之后项目切分市场并拥有一席之地打下了良好基础，良好的市场定位，是一个创业项目成功的基石。但是"橄榄枝计划"的个性化定制服务，市场需求恐怕并不理想，并且与其亲民价格的定位难以兼容，这需要创业者更深入地思考。

3. 独特的商业模式，极致的用户体验

"橄榄枝计划"为互联网与实体经营综合一体化的项目，包括线上微

博、微信等公众平台的互联网文化产品，以及通过俱乐部形式为创客们提供交流平台。通过线上的视频推广，进行广告的软植入甚至是"消磨化"的植入达到推广效果，而且由于身边人的推荐，更能增强对产品的信任感。同时在 2017 年的 5 月份，计划打造一款线下产品"801 俱乐部"，口碑营销与网络营销双管齐下，效果显著。

"801 俱乐部"能够汇聚时下有共同兴趣爱好的年轻人，提供交友娱乐的互动平台，为年轻人打造一个互联网平台下的高端综合一体的生态文化圈——年轻人的"乌托邦"。

勇立潮头

——文化创意路上快马扬鞭

【人物名片】

创业英雄：马野超

出生年月：1989 年 7 月

所学专业：艺术设计

毕业时间：2015 年 6 月（研究生）

创业项目：河北豆芽品牌策划有限公司，主要业务方向定位于文化创意产品设计与旅游文化产品创意开发设计。

【前情提要】

马野超本科二年级时，运用自己的专业知识帮助学校的老师、社团等设计名片、会徽。那时艺术学院举办的一些活动，经常由他来设计宣传模板，这是他创业的雏形。慢慢地马野超的业务拓展到整个学校和学校附

马野超设计作品展示

近的一些小公司。2013 年他注册了公司，主要帮助企业做形象策划设计。随着公司的发展，目前主要业务方向定位于文化创意产品与旅游文化产品创意开发设计。公司致力于打造出保定市乃至河北省旅游文化创意产品知名品牌，为地方经济发展添砖加瓦，展现文化创意之美。

【创业故事】

1."折腾少年"成就创业梦想

马野超从小生活在秦皇岛山区的一个农村，家里条件不太好，小时候就爱折腾，爱琢磨，想着挣点钱。在他上小学的时候，曾经骑自行车走街串巷去卖雪糕。2003 年"非典"的时候，马野超 14 岁，还在读初中，暑假好多人都去山里抓蝎子、挖药材，这批人中马野超是最小的一个，毕竟年龄小一些，爬山干活比不过别人，每次都挖不到多少药材，后来马野超就不上山了，他在山脚下收购其他人的蝎子和药材，然后到县城去卖，赚取差价，不仅不用每天爬山干活，反而挣得比别人都多。就这样一个暑假的时间，马野超的收入相当可观，购买了一辆摩托车。

马野超回忆说："现在想想觉得挺有意思，看来小时候就有这种萌芽意识，知道换一种思路考虑问题就会比别人做得更好，挣得更多。所以之后很多事情在精力和条件允许的条件下，都会敢去尝试。"

马野超刚上大一时，做的是包车业务，当时从秦皇岛到保定的火车只有慢车，坐一宿才能到，他就做秦皇岛和保定两地的长途客车业务，每次放假前他在保定这边组织回秦皇岛的学生，而秦皇岛有对应的同学组织回保定的学生，当时也挣了不少钱。

到2009年，马野超学习了一些艺术设计的专业课，接触到策划设计，他总会有一些好的想法和设计，就不再做包车业务，想着做一些和专业相关的事情。艺术学院经常举办展览、会议等活动，马野超起初就是帮助设计宣传创意，并联合制作公司将产品制作出来。慢慢地他在艺术学院小有名气，这就是马野超创业的雏形。他越来越认识到品牌的力量和策划设计的重要性，找到了自己喜欢做的事情。同时深知自己专业知识的欠缺，2009年暑假他还特意去北京学习了设计专业课，回来后就成立了自己的设计工作室。

这里我们穿插一个小插曲。马野超考研那年也就是2011年，他上完考研班后，发现考研班的学生吃饭非常不方便，第二年的暑假他就在考研班门口，跟新校区的一家快餐店合作，快餐店送餐，他在门口卖，每天能卖三百多份，一份挣三四块钱，一天纯利润就一千多，整个暑假下来也是一笔不小的数目。在马野超眼中果然处处是商机、处处能挣钱。

2. 吃亏是福，树立口碑赢取人脉

工作室初期主要业务是做名片和广告，主要是联合新校区学生会、各学院社团做一些设计和宣传，经常会有老师和社团找他设计名片、会徽等，业务逐渐扩大到河大的其他校区，之后慢慢渗透到社会上。

由于在业务方面缺乏经验，吃闭门羹是家常便饭，他对接的社会上第一单业务记忆非常深刻："我们学校旁边有一个计算机培训班叫东方依诺，主要是针对高校计算机一级二级考试进行培训，我帮他们做一个校内宣传条幅，收取费用45元，去制作公司做条幅成本花了30元，我赚了15元，坐公交车去拿一趟，除去往返公交车费用挣了13元，挣来的钱够我一顿盖饭，再加一瓶饮料。那是我接的第一个社会业务，当时感觉还挺好，现在都记得特别清楚，有了这个创业的意识，我就坚持着往前走。"

马野超工作场景

艺术学院每年都会举办很多展览和会议，都是学生做准备和宣传工作，当时马野超是学生领队，不怕苦不怕累，积极协助老师工作，总会有好的创意和想法，不计报酬。他说："大学生创业，不要急于赚钱，有时候吃亏真的是一种福气，比如老师让你免费做点东西，设计个名片，做个LOGO，我是学制作设计的，本来就没有成本，就别收费了。有时候我很大一部分就是用自己的设计来赚人品、赚人脉，河大各个学院我基本都帮忙做过设计，所以现在学校的业务基本都是找我做，这一点非常重要，还是把做人给整明白了，别怕吃亏。"

正是马野超这种不怕吃亏、诚信做人的品格深受导师欣赏，在他创业初期，导师在客户资源方面给予了他很大的支持，会帮助他对接一些业务。初期他自己去社会上谈业务经常碰壁，企业认为他一个大学生没有经验，对他没有信任。而导师在业务和影响力方面对他帮助非常大，会将马野超介绍给客户。有了导师的介绍和推荐，客户对他的态度就完全不一样了，自信心会随着受尊重程度的提升而提升，那么做事情呈现的结果就会不一样，这很关键。在自己的努力和导师的帮助下，马野超完成了和一些大企业的业务对接，慢慢打开了社会市场，主要是帮助企业做形象策划设计。

3. 独树一帜，巧借天时地利人和

创业初期，没有正规的办公地点，名片地址只能写教室，总有一种打游击的感觉。很幸运赶上国家大力支持创新创业政策，2012年马野超入驻保定大学科技园，园区不仅在前期免费给提供办公场地，水电、物业、取暖等费用全免，而且还有专业人员进行"理论知识与服务项目结合、创新设计服务、企业合作"等方面的指导。2015年，马野超作为学生创客代表入驻保定豆芽创客空间，当年将公司更名为"河北豆芽品牌策划有限公司"，入驻后继续享受一系列扶持政策，这里除基础费用外还对创业者提供业务指导，初创者商业经验相对薄弱，有专门创业导师从商业对接、业务洽谈、客户维护等方面对创业者进行全方位的辅导，并且帮助初创者对接人脉资源，积累客户。马野超说："我在豆芽创客空间学到了很多宝贵经验，同时这里还是一个开放的平台，众多创客相互沟通交流，取人所长补己之短。"至今公司已先后与石家庄机场、风帆股份、一亩泉酒业、保定古城香业、小洋人乳业、永亮毛巾、女主角、民生地产等知名企业和定兴县、清苑县等政府事业单位建立了合作关系。

能够与省内众多知名企业建立合作关系，除了良好的平台外，当然也离不开团队的努力，谈到竞争优势，马野超说："从业务方面来说我们就是学校资源比较紧密，我们的服务区别于其他设计公司，就是我们都是师承一派的大学生，属于学院派，毕竟学生不太会被商业思维禁锢得特别牢固，做东西特别活，而且比较有创意，创意感很强，和其他设计公司有很多不一样的地方，就能形成一个独树一帜的风格。"

4.借势发力，转型实体驰骋未来

河北豆芽品牌策划有限公司近两年发展势头良好，蒸蒸日上，公司现在处在转型期，不仅仅是做策划，还要做自己的产品，做实体。

公司主要业务方向定位于文化创意产品与旅游文化产品创意开发设计，致力于打造出保定市乃至河北省旅游文化创意产品知名品牌，为地方经济发展添砖加瓦，展现文化创意之美。

乘着2016年"河北省旅游发展大会"的东风，马野超敏锐地感觉到向旅游业靠拢，将是一个良好的发展契机。他在易县太行水镇开了一个卖旅游产品的店，叫棉花铺子，售卖特色棉制品，同时游客也可以参与体验棉制品的制作，进行 DIY 制作。2016年国庆小长假期间，他的棉花铺子每天接待几百游客，有了一定的收益。

谈及对未来的期待，他说："我们现在正在打造现代经济，我是秦皇岛人，导师是张家口人，公司在保定，以河大为大本营，这些资源，基本能够覆盖省内业务。这两年河北省旅游产业发展得非常好，尤其是政府也是大力支持的，之后会在旅游这方面多做一些布局，争取在省内这些旅游区内都能开发一些旅游产品，把我们的产品和品牌打出去。目前已经注册了一些商标，等到市场成熟了，或者是自己的团队成熟了，很快就去开发那些旅游产品，将来希望做到省内大的旅游区都能有我们自己的产品。"

【创业感悟】

1. 荆棘风雨创业路，坚持不懈终成功

马野超在众多学生创业者中脱颖而出，吸引了河北省领导和学校领导去公司参观，2015 年河北卫视对他进行采访并做了专题报道。光鲜亮丽的背后往往付出了常人无法忍受的艰辛努力，我们看到的是马野超的公司业务不错，他本人也成了大学生创业者的明星人物。但我们却看不到创业这条路他是怎样走过来的。他回忆说："最近一两年好一些，而创业初期那会儿，经常工作到后半夜两三点钟，由于休息不好，第二天上午总是迷迷糊糊的。但是上午还得出去见客户洽谈业务，所以我尽量调整，晚上少加班，一方面身体受不了，另一方面就是第二天在客户面前要保持良好的精神面貌和状态。"一旦认准了的事情就要坚持，"三百六十行，行行出状元"。梦想是要有的，不管前面的路多坎坷，都要咬着牙坚持走下去。

2. 市场调研必不可少，充分利用身边资源

创业前期一定要充分了解市场，每个环节都做足准备，不建议盲目创业。很多大学生主观意识比较强，其实他并不了解外面的市场是怎样的，不足够了解市场很容易失败。在前期创业种子阶段，一定把这颗种子需要成熟会面临哪些问题或者需要具备的条件搞清楚，市场调研做足，充分准备，多和有经验的人沟通，导师能够提供专业理论指导，社会实战经验可能少一些，一定要与做过生意的和做过创业实践的人多沟通交流，这样才能走得更长远。

另外，利用好高校平台优势，挖掘身边资源也很重要。大学生创业如果有个好的导师指点，势必会事半功倍。

3. 家人开心是最大的骄傲

马野超说，能够让家里人开心是他最骄傲的事情。从刚上大学开始创业，这一步一步取得的成绩往家里汇报，家里人尤其是爷爷奶奶、姥姥姥爷这辈的人，知道下一代在外面做得不错，很是欣慰，这是家人最大的精神支柱。他说："我的成功能够让家人开心是我最在意的事情，其他上电视台、上报纸等这些都是次要的。"

【智慧点睛】

1. 生活中并不缺少商机，而是缺少发现商机的头脑

有些大学生会说："我想创业，但我不知道选择什么样的创业项目合适。"坐等机会来临是永远不会成功的，创业机会不会从天而降来到你面前，创业者的基本素质一定是善于从问题中发现商机。马野超在初中时就已经表现出爱琢磨的特点，一起上山挖药材的小伙伴中他是最小的一个孩子，总是挖得不如别人多，但他并没有放弃，而是换一种思维来思考问题，既然干活拼不过别人，干脆不挖了，就在山下等着收药材，结果挣到了更多的钱。上大学之后发现从秦皇岛到保定只有慢车，不能满足众多大学生的需求，于是做起包车的生意，挣到了大学的"第一桶金"，直到大二接触了专业课，总会有好的想法和灵感，从事策划设计，最终走上创业路。创业路上，他上考研班发现学生吃饭不太方便，便抓住商机在门口卖饭，为他的创业挣得一笔资金。一路走来我们发现马野超是一个特别爱琢磨事情的人，善于发现需求、勇于创新、绝不轻言放弃，这也正是创业者需要具备的创业精神。创业成功绝不是偶然，他一直在路上。

2. 资源整合——有勇有谋

马野超敢于创业当然有"勇",创业成功也离不开他的"谋",对于大学生创业者来说,由于资源短缺,创业初期会面临重重困难,从 0 到 1 是最困难的,很多初创者往往会败在市场打开阶段。马野超凭借自己平时多干活、不怕吃苦、不计报酬的表现终于得到了导师的认可和欣赏,找到了"靠山",导师在他创业初期帮他介绍客户,对接资源,他的业务才能很快渗透到社会。马野超能够充分利用身边仅有资源,进行资源整合,才使得他在创业初期事半功倍,创业之路比较顺利。之后马野超入驻保定大学科技园,在这个平台才得以接触到 500 强企业,并发展成为他的业务合作单位,进一步扩大市场,这些都得益于他的资源整合能力。

3. 客户为我宣传——口碑的影响

马野超提到他从未刻意做过营销宣传,最多的还是口碑宣传,就是别人替他宣传。在学校期间,他经常免费为老师设计,而且他总能有与众不同的创意,正是因为他愿意帮助各院系的老师设计东西,他才能走出艺术学院,慢慢被河大新区、河大所有校区都熟知。上学时候他基本帮助过所有院系的老师,作品评价度很高,后期学校也为他对接了很多业务和资源。

另辟蹊径

——做互联网和传统手工业的"红娘"

【人物名片】

创业英雄：尚开红

出生年月：1977 年 4 月

所学专业：哲学

毕业时间：2000 年 9 月

创业项目：保定匠人电子商务有限公司，致力于挖掘民间手工艺人，通过网红式包装手段对手艺人及其产品进行包装推广，形成"手艺人工坊＋自媒体传播＋粉丝经济＋电商平台"的互联网营销闭环。

【前情提要】

尚开红毕业于河北大学哲学系，是保定匠人电子商务有限公司的创始人、法人代表。他长期在新闻和互联网公司任职，曾担任燕赵都市报冀东

尚开红近照

版新闻中心主任、新浪河北总编、新浪无锡总编、新浪苏州总经理，2015年辞职创业。多年的媒体工作经验使尚开红对互联网环境下的产品营销模式有独到且深刻的见解，在创业过程中，他精简运营模式，利用低成本、高效率的营销方式开辟市场，他们编辑的文章视频等在今日头条、天天快报、搜狐自媒体、微信公众号、腾讯视频、优酷视频等平台的日均点击量在20万次以上。公司年销售额达1000万元以上。让优秀的手艺人借助"互联网＋"找到他们真正的粉丝，为手艺人创造体面、高效的价值平台，这是公司长期的愿景。

【创业故事】

1. 不走寻常路，在冷门市场把握机会

选定市场前景广阔的高质量创业项目，是创业成功的基础。尚开红

在选定创业项目时，从多个角度进行了全方位的考量。当时，新浪的一些中层管理者纷纷辞职创业，运用全新的互联网思维打造自己的品牌，尚开红从事互联网行业多年，也十分了解互联网在信息传播、共享方面的巨大作用：越是买方和卖方沟通不顺畅、信息不对称的行业，互联网的优势就越明显。于是，尚开红决定选择在相对窄众的行业创业。另外，尚开红认为自己没有实体经营相关经验，如果贸然入行技术壁垒高的行业将面临很大的风险，便决定试水成本低、文化附加值高的手工艺品行业。

手工艺品下属的品类繁多，尚开红将金属工艺品行业作为突破口。虽然与玉石、陶瓷、珠串、砂壶等大类相比，茶刀等金属工艺品属于比较偏门的子类，但是仍然有一定的受众基础。另外，大类的手工行业竞争激烈，在众多竞争对手中，不乏资金雄厚、经验丰富的"大鳄"，而茶刀这个领域，由于相对偏门，体量较大的行业巨头不会放在眼中，鲜少涉足，即便是龙泉等专营宝剑的地区也不精通，这就为尚开红的公司提供了可发展的空间。

2."互联网+"手工艺人，让手工业重获新生

目前，尚开红公司的微店"匠人工坊"有数十款珍品小刀，均出自张勇师傅之手。张勇师傅是手工折叠锻打工艺的传承人，打造大马士革刀的技术炉火纯青。在加入"匠人工坊"之前，他在保定的直隶古玩城拥有一家实体店，古玩城日客流量超不过五百人，张勇店里的生意也十分惨淡。实际上，这是冷门的手工艺行业生态的缩影：一方面，文玩市场上商品鱼龙混杂，收藏者要想淘到心仪的文玩，需要耗费大量的时间精力；另一方面，真正身怀绝技的手工艺人往往通过狭窄的熟人关系网销售产品，无法与潜在顾客取得联系，这样一来，手工艺人的生计以及手工艺的传承都面临困境。而尚开红，正是为两方牵线搭桥的"红娘"。

尚开红站在专业媒体人的角度，发掘并传播张勇与刀的故事，提高张勇的知名度，当他成为行业内的"网红"后，他锻造的大马士革刀也进入

"匠人工坊"刀具展示

了更多人的视野，获得了应有的赞誉。现在，微店的各种刀具一直处于订购状态，张勇每个季度会打造一两把极品茶刀，售价可达数万元，但仍然会有许多人争相购买。

3. 内容营销，用精致的内容吸引顾客

尚开红非常注重内容营销，他认为，微信平台只是粉丝互动平台，而不是吸粉平台，因此，他的编辑部将主要精力放在其他自媒体平台上，凭借原创内容，通过向顾客提供优秀的、有价值的信息来驱动其内在的消费需求。比如，尚开红的编辑部曾经在各大自媒体平台上发布过"中国刺客传"系列文章，介绍从古至今的刺客传奇，并将精美的刀具图片作为文章的配图，再附上刀具的微店链接，将电商平台和社交平台联合在一起，尚开红用这种方法吸引了一大批忠实的粉丝。

作为职业媒体人，尚开红还擅长利用热点性内容在短时间内大幅提高搜索量。比如，张勇曾携带一把茶刀参加美国 ABS 刀展，但是被主办方拒绝，这件事一经报道，就在行业内引起了强烈的反响，激起了国人的民

族情绪。于是，这把茶刀瞬间成为爆款，价格也从 2800 元升至 3200 元。

尚开红的内容营销理念还体现在其他许多方面，一打开"匠人工坊"的首页，顾客就会沉浸到质朴典雅的氛围中，从刀具本身的材质、造型、纹路，到产品的命名、简介，再到整个店铺首页的布局，无不体现着匠心。更值得一提的是，每一件作品，从还是一块铁的时候，就已经被标记，专门的单反相机会记录它被锻打、组装的全过程。在作品到

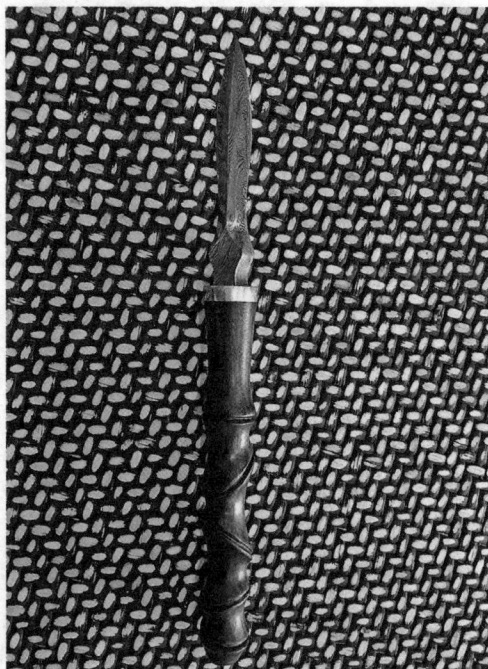

大马士革刀

达顾客手中的同时，专属于这把刀的视频也送达顾客手中，顾客通过视频，不仅能探知刀诞生的过程，还能了解到各制造工序的用意、刀背后深刻的文化内涵，让顾客体会到自己手中的，是一把有生命的、专属于自己的刀！

4. 细分市场，精准营销

越来越多的创业者了解到进入细分市场的巨大优势，既然要锁定具体的客户，那就必须采用精准的营销模式。

在采访过程中，尚开红多次提及"小众"与"精准"。企业应根据自身产品定位与目标消费者的选择，制定针对性的营销策略和项目，营销信息传播的有效到达率明显更高。同时，以共同兴趣爱好、价值理念认同或共同朋友而产生关系聚合的形态链接，分享内容可信度更高，精准人群定向传播信息的方式也更为直接。尚开红充分利用了这一点，通过自媒体平

台俘获第一批粉丝后，他的团队会追溯这些粉丝的职业、年龄、性别及喜好，通过标签给用户画像，进而研究这些用户共同的阅读爱好，之后，编辑部会贴合用户的需求发布文章，大幅提高了用户的黏度和活跃度。不仅如此，经过后台统计，每个活跃粉丝每个月大约会带来四个活跃粉丝，这些新粉丝和老粉丝有着相似的兴趣爱好和隐形消费需求，"匠人工坊"的市场就这样迅速打开了。

5. 目标明确，有可为有可不为

在找到正确的发展模式之前，尚开红也曾进行了长时间的摸索，即便偶尔走错路，尚开红一直坚持着正确的方向，知道自己的团队能做什么、不能做什么。

尚开红的"可为"，体现在他敢于"试错"上，在创业初期，尚开红也比较迷茫，无法确定怎样的方式是最精简高效的。那时，只要团队中有人提出了新的想法，大家觉得有三成成功的可能，就投入人力物力去实践，就算最后发现不可行，也只会将之前的投入当作找到正确途径必须付出的成本，而后继续寻找新的方法。这种大胆的"试错"，花费了上百万的创业资金，终于帮助尚开红浪里淘沙，摸索出一条可成长的、难以复制的道路。"那时，大家脑子里就没有困难和失败的概念了，只有和计算机迭代一样，我是第几代迭代，我在第几次试错，我的总试错成本是多少，我现在的试错成本是不是可控的，就是这个概念。"尚开红如是说。

但是，这样的"试错"仅仅局限在战术方面，在公司战略层面，尚开红一直有清晰的目标，他希望做纯粹的互联网项目，做拔尖的自媒体平台。他认为，在这个行业，门店销售是死路一条，拓展互联网以外的销售模式只会分散公司的精力，对公司发展有百害而无一利。为此，尚开红还给员工下了死命令：第一不做线下销售，第二不做分级代理。一直以来，公司也把这两个准则贯彻得很好，即便是内部员工的朋友，也无法在线下购买到"匠人工坊"的产品。

【创业感悟】

1. 循序渐进，不疾不徐

尚开红是胸中有沟壑的人，他的最终目标，绝不仅仅是把手工刀具做到极致，他的创业资金，也足以撬动更大的创业项目，但是他还是能够沉心静气，从最不起眼的小刀入行，一点点摸索，一步步前进，经过两年的时间，积累了稳定、优质的客源，再以此为基石，将业务范围向其他领域拓展。

创业是长期的事业，是不可能一步到位的。创业者既要站位高远，为自己的创业项目规划宏伟的蓝图，同时更需要沉下心来，根据公司的体量和实力，控制好公司发展的节奏和方向，不退缩、不冒进，这样才能在不错失机遇的同时，有效地规避创业中潜在的风险，保证公司稳健地发展下去。

2. 理性思考，注重经济价值

在采访时，尚开红举了一个广场和4S店的例子，如果修建一个广场，每天广场上熙熙攘攘、人来人往，而来广场的人群没有消费的能力和欲望，广场上也只能做一些小本生意。但是，如果在广场旁边开一家4S店，即便进店的人远不如广场的人多，只要每天能卖出去两辆车，那么4S店的价值就远高于广场。

企业能销售出商品，才会有收入，才有周转的动力源泉。整体上讲，创业者所拥有的资金、人力、时间等资源，都是稀缺的，任何创业活动最终都应该服务于产品销售，与生产、传播、销售、客户反馈等形成闭环。创业者应该站在理性的角度，准确判断，及时割舍掉那些无法为企业带来经济收入的活动和项目，将有限的资源投入到更具经济价值的事情上去。

【智慧点睛】

开拓营销思维，创意营销

大工业生产的时代，已经不是"酒香不怕巷子深"的时代，任何一个品牌，想要打开销路，就需要利用各种营销手段提高品牌的曝光率和知名度。互联网普及之前，生产和营销是截然分开的模块，企业负责生产，专业的传播机构负责传播，而互联网的出现，完全颠覆了既有的模式，为创业者提供了更大的发挥空间。

在互联网营销的初级阶段，网上店铺、官网是企业拓展市场的主阵地。随后，微博、微信、知乎等平台的拓展，改变了自上而下的信息传播途径，互联网信息的传播趋于私人化、平民化、自主化，传统的互联网营销途径成本提升，但是影响力被削弱，公司转战自媒体营销，推出更灵活、更有创意的营销方式，比如海尔集团在微博营销中另辟蹊径，打造的"最不正经官微"，掀起了官微抢微博热门评论的热潮；某网红在频道推荐了某品牌的一款口红，这款口红迅速成为爆款，月销量在短时间内飙升上万……

自媒体时代赋予了全民生产和搬运信息的权利。消费者更容易表达，企业更需要倾听。身处互联网大潮中的创业者，要具备完善的互联网思维，不仅要打造"互联网＋"产品，更要学习新型的营销方式，结合企业和产品特点、目标人群特征及营销目的，整合各类社会媒体，实施口碑营销、体验营销、精众营销，用最低的成本，打造最亮眼的品牌。如此，公司才能在激烈的竞争中脱颖而出，获得消费者的青睐。

如今，尚开红的"匠人工坊"已经在圈内颇负盛名，爱刀的收藏者趋之若鹜，上架的猎刀、茶刀一直处于订购状态。2016 年，百度百科还曾邀请工坊的张勇师傅解读"大马士革刀"，作为百度百科的官方定义。2016 年下半年，尚开红开始探索纯手工茶叶罐这个领域，正在进行产品销售稳定性测试，相信不久之后，一款款精美的手工茶叶罐就会在文玩收藏界引领一股新风潮了。

脚下有一片土

——情怀建筑师的创业之旅

【人物名片】

创业英雄：卢小军　郝魏征

出生年月：卢小军 1990 年 5 月　郝魏征 1989 年 4 月

所学专业：建筑工程

毕业时间：卢小军 2014 年 6 月　郝魏征 2015 年 6 月

创业项目：乐建乡土（北京）科技有限公司，发挥"互联网+"思维，跳出既有的乡村建设模式，进入乡建细分市场，提供个性化、区别化居民住宅设计，用自己的力量为中国农村建设注入新的活力和内涵。

【前情提要】

这是一个合伙创业的故事。卢小军、郝魏征两人都毕业于河北大学建筑工程学院，原本各自有着稳定的工作，后来，出于对生命价值的追索和

卢小军近照

郝魏征近照

对乡建的浓厚兴趣，他们离开原有职位，开始了创业之路。2016 年 3 月，二人在北京房山区成立了乐建乡土（北京）科技有限公司，以任丘为中心，为周边农村提供自住房的外观、室内设计服务，并通过微信、微博等线上推广手段，拓展全国业务，目前，公司已经初步打开市场，具有广阔的发展平台。

【创业故事】

1. 以 "乐" 为先，现实为理想让步

在访谈过程中我们发现，这是一支充满理想主义的创业团队，对乡村建设的极大热情，是他们选择创业的最初动力。卢小军是这个项目的最早发起人，在这之前，他已经在北京找到一份非常不错的工作，并且参与设计了十余个大型的城市规划建设项目，但是他在工作的过程中并不能十分清晰地感受到自己的工作对公众生活带来的直接影响，在这段时间，他通过讲座、书籍等途径对乡村建设有了一定的了解，并产生了十分浓厚的兴趣。而且，他也意识到，乡村建设市场是一个已经存在的市场，中国目前的乡村建设项目大多是与政府机构合作，对历史悠久、具有一定文化价值的古村落进行全局性的开发和保护，这些项目的服务对象是有限的，在农村遍布的中国，还有许多农村没有被这些项目覆盖到。因此，卢小军萌生了创业的想法，希望打造一个更加开放化的平台，来优化农村的生活环境，提高广大农村居住人口的生活质量。

卢小军说："我们创业的最终目的不是为了成功或者赚钱，我们是为了兴趣，从大学开始我就对乡村建设有很大的兴趣。创业是基于内心的兴趣和态度，总结出来这个核心，我们就给公司起了这样的名字。最开始的时候真的是势单力薄，我们没有场地，只能去租房子，或者在其他企业里面工作，但是我们很开心，快乐是支持我们的核心支柱。"

2. 组建团队，注重前期准备工作

卢小军非常清楚创业团队是创业成功的关键，因此他希望获得他的好友郝魏征的帮助，他与郝魏征在河北大学就读期间就有过合作，在卢小军眼里，郝魏征"点子特别多，新、奇、怪"，而且在读大学时曾创建"小松鼠"外卖平台，积累了一定的创业经验，是非常理想的合作伙伴。幸运的是，郝魏征对卢小军的提议非常感兴趣，立即辞去在湖北的工作、赶赴北京，开始同卢小军一起进行初期准备。

在创业初期，他们投入大量精力进行准备工作。他们去往云南、北京等地参加各类乡村建设主题的讲座、论坛、会议，以深入了解乡村建设的大环境，完善创业项目的设想；鉴于他们均是工科毕业，对公司运营、财务管理等领域不够了解，他们去北京接受相关方面的系统培训，为之后管理公司打下基础；在成立公司之前，他们从潜在市场、运营成本、风险把控、公司影响力等多角度考量，确定公司的最佳注册地址，并在注册公司期间，确保公司按照法律程序取得全部资质；与此同时，他们还积极从之前的同学中发展团队成员，壮大创业团队。

对此，郝魏征的感触很深："定了这个基调后，前期就不要怕麻烦，必须要打好基调，打不好基调，后期干得越大，危险性越大，如果我更早地学会这些东西，那么我在学校的（创业）经历会顺畅很多。"

3. 循序渐进，由点到面发掘市场

实际上，他们并不急于成立公司，在公司注册以前，他们已经以任丘为试点，进行了为期一年的试验。当时，他们希望以任丘作为服务中心，做一些扎实的摸索，如果能够成功，再将业务范围向其他地域拓展。

在选择任丘作为试点时，他们也有自己的考量：从地理位置上讲，任丘市毗邻首都，交通便利，方便办公；从市场上讲，任丘市有六乡九镇，三百余个村庄，而且这些村庄居民的经济状况良好、生活水平较高，客观上有建房的需求；另外，卢小军是任丘本地人，有一定的人脉积累，他们的创业想法还得到任丘市当地一位富商的认可，这位商人曾经担任过村支书，并且有一定财力，也能为他们提供许多资源。因此，任丘于他们而言是绝佳的选择。

乐建乡土在 2016 年 3 月份注册，4 月份就已经正式运营，业务范围面向全国。可见前期的摸索确实大幅提高了团队对承接项目整个流程的把控能力。

4. 紧随潮流，运用互联网思维推广

郝魏征是一位能够迅速接受新鲜事物的创业者，他在校创业时，就已经下意识地运用微信公众号拓宽订餐平台的影响力。在乐建乡土项目的团队分工中，郝魏征也是主要负责线上推广的部分。

他们尝试过手机 APP、微信朋友圈等多种方式，但是这些方式都有各自的缺陷。譬如，微信朋友圈的信息传播范围十分有限，开发手机应用软件成本高昂、用户体验难以把控，而且并不适用于农村市场。他们也曾投放过一些实体广告，但是高昂的成本让公司无力担负。之后，郝魏征通过多次调整，最终将目光放在新闻自媒体上面，自媒体这种推广方式成本低廉，会向用户定向推送推荐人数最多且用户本身最感兴趣的内容，可以帮助他们的团队降低营销成本，缩短寻求目标客户的时间，拉近团队与潜在客户之间的距离，使他们尽可能地将精力放在产品质量这一核心竞争力上面。这对于促进一个尚在初创期的公司的成长是非常有帮助的。

5. "建筑 +" 思维，力求打造更有价值的作品

卢、郝二人的情怀，在他们的设计理念上体现得淋漓尽致。他们参照"互联网 +"这一名词，提出了"建筑 +"的概念。他们不仅仅是为用户设计新居，借助全新的设计思维、虚拟现实技术、智能家居等，为用户带来更舒适的居住体验，更是致力于将高品质生活、生态文明、文化传承等理念贯穿住宅设计、建造、装修的全过程，希望在体现建筑的居住功用的同时，赋予住宅更深层的涵义。卢小军说："我之前看过费孝通老先生写

"乐建乡土"办公场所

的《乡土中国》，那本书比较真实地讲述了中国乡村现状，因为改革开放也就二三十年，城市大部分是舶来品，中国文化的根基还是在乡村。我们就想建设一个有意义的、有文化底蕴的、有精神内涵的乡村。"

采访过程中，卢小军还向我们介绍了他们的代表作品，每个建筑都在充分尊重用户诉求的基础上，融入了本土化、民俗化的元素，让人耳目一新。相信他们这种锐意创新、精益求精的工匠精神，会成为激烈的市场竞争中最有力的武器。

6.把握宏观，顺应国家发展的需要

他们选择在乡村建设领域创业，并不仅仅凭借他们对乡土的兴趣和热情，还有他们对国家宏观政策的精准把握。当下，有些创业项目的政治环境风险很大，甚至会触及法律的灰色地带，但是"乐建乡土"却是符合国家政策、能够带来社会效益的项目。

我国是历史悠久的农业大国，改革开放以来，虽然工业、服务业为国民经济做出了巨大贡献，但是农业仍然是国民经济的命脉。"社会主义新

农村"这一概念自从被提出之后，就一直被视为"小康社会"的重要组成部分，而"新房舍"正是建设新农村的题中之义。

"小康不是一句空话，也不是你工资涨了多少，它涉及百姓生活中的方方面面。国家既然提这（新农村建设）一块，说明对乡村肯定重视了，国家重视了，资本就重视；资本重视了，一些沉睡的市场就该被唤醒。中国是从乡村起来的，中国是不会放弃乡村的。"这也是他们敢放开手脚大干一场的重要原因。

【创业感悟】

1. 行动为王，执行永远是最好的计划

提到创业，很多人联想到"风险""艰苦"等词汇，明明有很好的创业想法，坐拥优质的创业资源，但还是畏首畏尾、踟蹰不前，而卢小军、郝魏征显然不是这样的人，他们在敲定创业计划后，就立刻辞去工作，投入到对创业项目的人力、场地、资金的准备中，并尽快提升自身的创业知识储备。这样的果断，让他们在乡村住宅建设这一市场中占领先机。他们觉得，创业和做饭不同，不能等到所有食材准备好以后再去下锅，创业的过程是多变的、未知的，任何人都不可能在创业之前就做好一切准备。因此，创业者需要足够的勇气去实现自己的创业想法，决断力和执行力，是优秀创业者必不可少的品质。

2. 系统学习，助力创业成功

对于这一点，郝魏征感触颇深。他在大学阶段，进行过很多不同形式的创业尝试，但是最终都会遇到不同的瓶颈，导致项目无法继续维持下去，当时他觉得很茫然，但是经过反思，他认为造成这种情况的原因是他从未认真学习过创业相关的知识，没有掌握系统的方法论。

郝魏征说："创业教育这一块，我经常反思，这是很重要的事情，只有掌握这些基础性的东西以后，做其他的事才不会那么乱，虽然我做的项目多，但每个都有败点，都有让我后悔的地方，如果能将现在的想法运用到当时的项目中，很多问题也许就可以避免。在外人看来可能就是你没有坚持做，或者做得不够深入，事实上是当时的理论水平和意识不足以操控这件事情。"

3. 品质至上，组建团结的创业团队

在选择创业伙伴时，卢小军、郝魏征都认为员工的人品是最重要的。公司尚在创办初期，员工不会享受非常丰厚的酬劳，同时又面临非常繁重的工作，需要经常加班，如果团队成员自扫门前雪，不愿意为团队奉献，或者本人充满了负面的情绪，时常抱怨，那么他会影响整个公司的气氛，成为团队的害群之马。刚刚成立的公司，规模不会很大，也没有上下级的区别，需要每个员工都充分发挥自主性和创造性，真正站在公司发展的角度，无私地为公司付出，公司才能继续运转下去。

【智慧点睛】

1. 把握在校机会，进行创业实践

对创业的认识不能仅仅停留在理论层次，更需要深入创业的各个环节，体验创业的过程。卢小军、郝魏征在大学期间，都有过参加创业比赛、自主创业的经历，郝魏征多次参加各级各类创业比赛，他参与的项目曾经获得国家级证书；卢小军曾凭借"首创农村乡村事务所"项目获得挑战杯校级三等奖，虽然这个项目没能让他在参赛的路上走得更远，但是在参赛期间，他对中国农村进行了深入的研究，并开始对乡建有了初步了解，这与他后来的创业计划，都是一脉相承的。

在校的模拟创业训练还能拓宽人脉关系，帮助结识志趣相投的朋友，卢、郝二人就是在创业比赛中结识的，并最终成为合作十分默契的创业伙伴。

2. 有所取舍，寻找最佳市场定位

中国经济发展到现在，许多领域已经发展得十分成熟，先入行的企业具有规模优势，掌握着十分宝贵的客户资源，这导致后进入的企业生存空间非常狭窄，若想提高创业成功的可能性，创业者必须深入挖掘市场需求，进军细分市场，在细分市场中出奇制胜。卢小军和郝魏征创业的切入点是农村自住房，而不是农村整体规划，无论从风险把控方面还是市场开辟方面讲，这都是非常明智的选择。

另外，创业者还应该注重市场的多元性和层次性。对于卢小军来说，这个问题尤其突出，农村不是一个整体的市场，它可以细分为高、中、低档市场，这三个档次的市场还可以根据地域、风俗、经济水平继续细分。如果卢小军及其团队在设计产品时并未考虑到目标市场的实际承受能力，那么在无法达到用户要求的同时，还会降低本公司的信誉，只有找到市场的最佳定位，才能实现公司效益和客户满意度的最大化。

卢小军、郝魏征的创业经历带给我们诸多感悟，希望有创业想法的同学从他们的故事中获得启发，也祝愿他们的公司能够顺利发展！

拨云见日

——扎根校园文化谈笑风生

【人物名片】

创业英雄：聂鑫

出生年月：1991 年 5 月

所学专业：理化测试及质检技术

毕业时间：2013 年 6 月

创业项目：保定谈笑风生网络科技有限公司，扎根驻保高校市场，线上线下为大学生提供兼职信息、校园团购、票务服务等，目前正筹备发展校园金融、创客学院等业务。

【前情提要】

曾推辞亲人安排的稳定工作，曾拒绝月薪上万的北京公司的邀请，毅然留在自己最初拓展市场的母校所在地——保定，坚持创业梦想，他就是河北大学质量技术监督学院毕业生聂鑫。在各驻保高校中，一提起聂鑫和"谈校风生"，很多学生都不陌生。聂鑫是保定谈笑风生网络科技有限公司的创始人之一。大学时他凭借自己兼职期间积累的资源和经验创建"谈校风生"QQ群，为大学生提供兼职信息平台。毕业后，他于2014年创立保定谈笑风生网络科技有限公司，主要业务是为大学生提供兼职信息、校园团购和票务服务。目前公司业务范围正在逐渐扩大，筹备发展校园金融、创客学院等项目。聂鑫的创业理想和不懈坚持成就了他的创业梦想。

聂鑫近照

【创业故事】

1.昔日兼职经历，奠定创业基础

塞·约翰逊曾经说过："榜样具有良好的感染力。"对于刚刚步入大学的聂鑫来说，未来的一切都是未知数。这时候一位学长的出现仿佛让他看到了指路明灯。这位学长在校内是一个活跃的学生干部，在校外是一名具有丰富经验的兼职者。他是某团购网保定站最早的业务骨干之一，与许多商家保持着良好的业务关系，洽谈业务的同时，每年还能为学院学生活动筹集到十几万元的赞助。这个数字对于一个大学生来说简直是一个奇迹。对聂鑫来说，学长令他仰慕，于是从大二开始，他追随学长加入该团购网

"谈校风生"办公场所

的阵营，这是聂鑫的第一份兼职工作。

在那期间，聂鑫每天早上8点就开始"扫街"，跟着师兄沿街一个门脸儿一个门脸儿地跑商家，洽谈餐饮、娱乐类的团购业务。那时候，团购网在保定还是一个新鲜事物，为了让商家信任团购网的真实可靠，了解参加团购的收益，聂鑫磨破了嘴皮，跑细了腿，但同时也练就了相当了得的沟通能力，熟络了不少商家。他白天谈业务，晚上录合同，每天像上紧了发条，忙忙碌碌，经常夜里12点以后才收工，甚至有时一天只能睡四五个小时。虽然辛苦，聂鑫却乐在其中，他喜欢这种有挑战性的工作。

一年后，师兄毕业到其他城市发展，聂鑫也离开团购网，开始了他的第二份兼职工作——与自己曾经的一个客户一起代理某品牌白酒。聂鑫认为保定是一座高校云集的城市，而大学生是他最了解的人群，于是他开始将目标客户锁定为驻保高校大学生群体。他在每所高校招聘校园代理，形成一个由来自不同高校的8个大学生组成的团队。这个团队正是他后来的创业团队。然而不久聂鑫就发现，大学生对白酒品牌要求不高，需求不热，业务推广并不理想。

白酒卖得不好，但在此期间，时常有商家托聂鑫帮忙找大学生做兼职。这种帮忙，对聂鑫的团队来说，并不困难，因为他们都是来自不同高校的大学生，身边有很多需要兼职的同学、朋友。一开始，聂鑫对此并不是十分在意，但是当更多的商家找到他时，他才意识到自己手中的市场。于是，在几番商议之下，聂鑫的团队开始萌生做大学生兼职平台的想法。

2. 坚守创业信念，逆境艰难前行

2013 年，聂鑫即将大学毕业。毕业前夕，同学们都在为寻求一份稳定高薪的工作忙碌着。聂鑫深思熟虑，权衡再三，最终决定将这条并不平坦的创业之路坚持到底。用他自己的话说就是："我清楚地认识到自己想要什么样的生活，到 60 岁我可能也不会向往那种朝九晚五的日子。"于是他说服了家人，推辞了几家公司的邀约，坚守着自己开拓的市场，带领团队继续着创业理想。

2013 年，智能手机、APP、微信平台还不像如今这样普及，聂鑫的团队用最简单、最容易推广的 QQ 群作为平台，开始了大学生兼职信息发布业务。他们将 QQ 群命名为"谈校风生"。在团队成员的大力推广下，驻保各高校众多的大学生加入"谈校风生"，聂鑫曾经的众多客户商家也纷纷入驻 QQ 群，群成员迅速从几十人发展到几百人，从一个群发展为几个群。2014 年，保定谈笑风生网络科技有限公司正式注册，"谈校风生"校园网上线，聂鑫团队的创业之旅正式拉开帷幕。

然而，创业之初的路总是困难重重、危机四伏，对于几个只懂市场，不懂股权、管理、技术的年轻人，尤其对于"谈校风生"这种带有公益色彩的业务实体。聂鑫说："后来我才懂得'一切不以盈利为目的的创业都是耍流氓'的道理，然而最初大伙只是想着要做点什么事情，并没有太多考虑盈利模式。"因此，公司成立之后，虽然受众越来越多，兼职信息发布业务风生水起，但是他们却仅以极少的赞助和广告收入维持着运营。让聂鑫至今难忘的是，最困难的时候，团队成员连吃饭的钱都凑不出，他要

硬着头皮去向别人借钱买饭。

困境是考验团队的试金石。公司成立三个月后，第一位团队成员离开，紧接着第二位成员在一个月后退出，之后便接二连三，有的准备考研，有的回去当兵，有的迫于家人压力要找工作，有的对公司发展失去信心。到2015年年初，最初的创业团队只剩下了聂鑫一人。看着团队的分崩离析，聂鑫十分痛心，但他仍咬紧牙关不轻言放弃，仍然坚守着自己的创业信念。

3. 四处求取真经，独创经营模式

团队成员的动摇，给公司发展造成近乎毁灭性的重创，然而在如此巨大的困境之中，聂鑫没有向困难低头，轻言放弃，而是寻求方法，渡过难关。

聂鑫深知自己对于公司管理和运营缺乏太多的知识和经验，于是他开始找各种机会进行学习。一次偶然的机会，他加入了保定市电子商务协会，这是一个由保定电子商务领域的企业家们组成的民间组织。协会会长是保定某著名连锁超市的董事长，是保定市早期的创业先锋。聂鑫多次向会长"取经"，也通过会长认识了更多的企业界的前辈。这些企业家被这个"90后"小伙子的热情和执着所打动，纷纷热情地为"谈校风生"出谋划策。

自此，聂鑫开始逐渐理清思路，对于公司发展，他作出了两个重大决策：一是要明确并创新公司经营和盈利模式；二是要与时俱进，开发网站及APP平台。

对于兼职平台，市场上已经存在两种传统的经营模式。第一种是提成，即平台从商家付给学生的工资中按比例提取服务费；第二种是会员费，即平台定期收取注册商家和兼职者一定的服务费。聂鑫认为这两种模式都不会长久，前者会导致学生收入减少，商家不断压低报酬的恶性循环，最终会降低平台信誉，令兼职者流失；后者会大大限制用户数量，不利于业务推广。因此，聂鑫为"谈校风生"创新了第三种经营模式：依然

坚持免费提供兼职信息，促进商家和学生之间的平等自由交流，吸引流量，在平台上拓展经营性业务，通过快消品等商品的销售、大学生团购和票务服务等获得收益。

要在平台上拓展经营性业务板块，早期的 QQ 群平台将不再能满足要求，需要与时俱进，开发自主的 APP 平台。聂鑫认为，网络公司一定要有自己的运营平台，而不是依赖于其他平台，这样才会有归属感。于是，在 2015 年聂鑫拿出所有积蓄，甚至劝说女友卖掉了同样经营并不理想的甜品店，找专业公司开发了"谈校风生"APP。

聂鑫大胆地推行自己的经营模式，"谈校风生"在同行竞争中逐渐获得优势，知名度越来越高，公司业务范围在逐步扩展。

4. 巧借外力支持，终得拨云见日

然而，对于一个初创公司，资金短缺仍然是最大的问题。聂鑫借鉴其他大学生创业成功案例的经验，决定努力向外界融资，争取"天使投资"。他通过各种关系和机会向保定本土的投资者们介绍推荐自己的项目。他接连不断地主动见了十几位投资人，但大多数投资人对他的项目并不是十分感兴趣，融资一无所获。

这次，聂鑫茫然了，为什么既能盈利，又有很好发展前景的项目，没有人投资呢？后来他终于找到了症结所在。聂鑫明白了，融资是资源对接，是一种合作，合作需要以共赢为纽带。作为一个创业者，他一直是站在自己的角度，激情阐述自己的盈利模式、未来前景，只考虑自己对投资人的需求，却没有换位思考，真正想一想投资人对自己的需求。在把这些道理想明白后，聂鑫终于用"共赢"理念撼动了"谈校风生"的第一位投资人。2015 年年初，聂鑫获得了 10 万元的第一笔投资。这 10 万元，帮助他渡过了创业初期最艰难的关口。

有了资金的支持，聂鑫开始更好地开展业务，拓宽市场，获得了争取更多融资机会的筹码。半年之后，聂鑫又成功获得 50 万元的投资，公司发展逐步走上良性循环。2016 年，聂鑫获得天津科创基金百万级的"天

使投资"。"谈校风生"终于拨云见日，迎接它的将是可以预见的美好发展前景。

5.积极拓展业务，制定短期目标

"谈校风生"的前途无疑是光明的。聂鑫在安逸面前并没有知足常乐，贪图享受，而是更加积极地筹备新业务的开展。

说到未来的新业务，聂鑫提到校园金融和创客学院项目。其中创客学院的想法顺应国家鼓励大学生创业的形势而生，项目已经开始筹备。该业务直接对接企业家与创业者，培养创业者的理论和实践素质，同时为企业发现并培养人才，这个项目也充分体现了"双赢"的理念。

对于"谈校风生"的未来，聂鑫还有更多的想法准备一一实现。"尽快占领整个河北市场，3 年之内将目标用户量做到 200 万。"祝愿聂鑫的"小目标"早日实现。

【创业感悟】

1.大学生创业者要有创客思维

回顾自己的创业过程，聂鑫总结到，大学生创业者，要有一个明确的目标、计划。今天目标的实现将会造就十年之后的自己！经过自己的努力，拉近现在的自己与十年后自己的距离。

要有新思维，所谓不破不立，不敢于打破旧有思维、不敢于创新，又何谈建立新的事物，又何谈为企业注入新的活力。尤其是当代大学生，新颖的思维、独特的创造力以及对周围的事物充满好奇成为我们的时代标签，借助各种智能电子工具和个人的丰富知识及经验，我们能够不断进行与众不同的尝试，不断进行一些小的发明创造，把挑战当作享受，一点一点地进步，为企业引进"活水"，推动企业赶上时代的潮流。

2. 紧跟国家政策，顺应时代趋势

在聂鑫的创业初期，大学科技园与学校方面，对他的帮助很大，科技园免费提供整体的项目孵化与指导，免费提供场地、水、电等条件，成本费用比较低，减少了开支，顺利地渡过了创业初期的难关。创客学院的想法能够逐步实现，也正是因为顺应了国家鼓励大学生创业的大好形势。

3. 做自己喜欢的事情

在采访中，聂鑫谈及他的家乡黑龙江，谈及他家人的意愿：安排一个公务员工作，安安稳稳干一辈子，但聂鑫拒绝了。他回想自己的创业经历，最重要的就是要找到自己喜欢的事情。我们是"90后"，我们还很年轻，生命才过去 1/3 或 1/4，还有那么长的人生，如果一直做一个自己感觉比较枯燥的工作，那生命还有什么意义？如果不是做自己喜欢的工作，那这样的生活又有什么意义？即便是他人急切渴求的一份安稳，但对于聂鑫而言却毫无意义，他的心中只有"谈校风生"。

【智慧点睛】

1. 创业的机缘，也许就在生活中

创业始于一个好点子，那么创业的灵感从何而来？灵感就来自你习以为常的生活，源于生活的想法才接地气，才有生命力，才可能落到实处。创业的灵感不是靠冥思苦想，而是从生活中捕捉。

"谈校风生"校园招聘网的灵感始于聂鑫在大学里的兼职经历，由于他丰富的兼职经历，使他熟识了保定地区各大高校的兼职精英，他们为了方便兼职以及收集商家信息与商家渠道，便共同创建了名为"谈校风生"的 QQ 群，为"谈校风生"校园招聘网的创办铺垫了基石。

2."90 后"具有自己独特的精神风貌

作为"90 后",我们时常为大众所诟病,"90 后"就真的一无是处吗?当然不,我们也拥有自己独特的"90 后"精神风貌。作为"90 后",我们不是遇到事情,就只会焦躁的一代,我们也会在困境面前沉着应对,不安于现状而力求革新;我们不是遇到事情,就只会退缩不前,一味放弃,我们也会在苦难面前,砥砺前行。作为"90 后",我们不怕失败,我们渴求改变、敢于创新,在时代的前列争做"弄潮儿"。

3. 不忘初心,坚持梦想

对所有创业者来说,永远告诉自己一句话:从创业的第一天起,你每天要面对的是困难和失败,而不是成功。你最困难的时候还没到,但那一天一定会到。困难是不能躲避的,也不能让别人替你去扛,任何困难都必须你自己去面对。

在创业路上,聂鑫是一名先行者,是我们大学生的创业榜样!希望他能越走越好!

第二篇 **教育培训类**

　　发展教育是永远不会过时的话题，教育产业也是未来的朝阳产业。兴趣班、艺术班、速成班等，针对儿童和青少年等不同年龄段学生的教育培训服务机构热度不减。而作为接受过整套中国正统教育的高校毕业生，更了解教育的弊端，也更清楚受众的需求，他们更容易在这一领域拔得头筹。本篇两位优秀创业者，一位艺考"过来人"在艺考培训领域发现了商机，借力打力，借助别人的舞台跳着华丽的华尔兹；一位抢占了儿童教育的新天地，成就了一番事业。

情怀筑梦

——美女艺考生跻身艺考培训界

【人物名片】

创业英雄：王雅

出生年月：1995 年 9 月

所学专业：视觉传达设计

毕业时间：2018 年 6 月

创业项目：石家庄新致远文化传播有限公司，发挥专业特长，为艺术类考生提供培训，实现了物质和精神的双丰收。

【前情提要】

王雅是河北大学视觉传达设计专业的一名大三学生，高中时她是一名美术生，在参加艺考的亲身经历中，灵敏地感觉到艺考市场需要规范。始于心，践于行，大一时王雅就与合作伙伴一起筹划，从事艺术生的培训项

王雅近照

目，助梦艺考生。2015年"石家庄新致远文化传播有限公司"成立，以"渗透艺考阶段各个环节，为艺考生提供一站式无缝隙服务"为宗旨，主要为艺考生提供线上专业课培训和线下文化课培训，并协助艺考生填报高考志愿。现在业务量逐渐扩大，慢慢走上正轨，在艺考生中有了一定的知名度。王雅的艺术生情怀和经历成就了她的创业梦想。

【创业故事】

1. 昔日艺考经历，奠基今日创业起点

王雅在高中时是一名美术生，也就是人们常说的艺术特长生（以下简称"艺术生"），艺术生在高三时会经历几个阶段：艺术专业课培训、省内联考、校考。校考结束后离高考还有三个月的时间，他们在这三个月内要进行文化课的学习。对于这些艺术生来说，由于跟不上学校复习的进度，所以他们往往不会再回学校复习，而是会选择校外的艺术生文化课辅导机构。

在参加艺考培训的过程中，王雅发现艺考市场鱼龙混杂，混乱、不规范，存在很多问题。一些机构以"直通""保过"等名义高价收费，致使很多艺考生吃亏上当，她自己当时就是一个受害者。

当被问及为什么选择创业时，王雅说："对于艺考来说，缺乏一个规

范的途径去了解信息，很多校考信息考生都不了解，而自己收集又很麻烦，很费时间，有些信息还有很大的漏洞。大家都是第一次高考，艺考生在这个时候都特别迷茫。作为过来人，我深受其害，我希望能够搭建一些线上的平台，帮助艺考生们更加清晰地了解整个艺考过程，让他们在这条路上走得更顺一些。"王雅目标很明确，她将客户群锁定为河北省的艺术生，每年省内联考时，所有艺术生都会集中到石家庄的某个学校，开展宣传业务也比较方便。

2. 借力品牌学校，整合资源为我所用

相比于其他的大学生创业者，王雅的创业路走得好像更轻松一些，秘诀就在于她选择"借力"，通过和品牌学校合作，整合资源，迅速打开局面。创业之初，王雅选择和石家庄致远文化学校合作。石家庄致远文化学校成立于 2006 年，是河北省知名的艺术生文化课培训品牌学校，在石家庄除了新东方之外，可以算是规模最大的文化课培训学校。有这个学校的基础做支撑，在网站和 APP 的推广上就会顺利很多。公司初期的人力、宣传等成本部分由线下的学校——石家庄致远文化学校提供，王雅主要致力于推动线上和线下的合作。王雅告诉我们，因为现在多数的艺考机构都是通过纸质媒介宣传、打电话、发短信之类比较传统的方式去招生，"新致远"则不断开发一些线上的项目，让艺考生更加便利，也和学校的线下招生相辅相成，线上平台促进了学校的招生，同时学校的招生也促进了线上平台的运行。

谈到寻找合作伙伴，王雅提道："大家要能聊得来，性格比较相同。我的合作伙伴都是很有想法，敢于尝试一下新鲜的事物，这点很重要。还有就是踏实肯干，这一行真的挺辛苦的。因为市场很不规范、很乱，所以你要投入更大的精力。"王雅和她的合伙人就是这样志同道合、踏实肯干的人。他们在沟通时，双方都觉得这个想法不错，也有实施的可能性，于是就一起合伙走上创业之路。

3. 线上线下结合，模式创新扩大市场

培训机构可复制性很强，王雅的线上平台发表的一些信息或者文章很容易被其他培训机构窃取。"这行就是这样，很多方法你想到了，别人就会去模仿。虽然到现在我都比较困惑如何摆脱这种模仿，但是我们还是尽自己的全力不断创新。你模仿我我只好继续创新，不断往前走。"谈到面对竞争者的威胁时，王雅充满自信。

新致远公司以"渗透艺考阶段各个环节，为艺考生提供一站式无缝隙服务"为宗旨，公司现阶段的主要线上业务有：艺考生与艺术类大学生的无缝对接栏目、指导艺术生填报高考志愿栏目、致远微课讲堂《微课时代》栏目、艺考生考试专用 APP——艺考日历栏目、文化课高考网栏目、智能教辅《艺考生文化课百日学案》栏目等。线下体验式教学与线上互动式体验相结合，为艺考生提供全新的培训体验。

以艺考生与艺术类大学生的无缝对接栏目为例，平台有多个学校的大学生资源，而每个学校的校考是完全不一样的，艺考生通过线上平台和目标院校的大学生进行交流，就可以很清楚地了解到学校的考试风格和具体要求，更有针对性。致远文化学校每年招收几百名学生，这些学生考上大学后便成了线上平台最直接的资源。线上业务主要针对考生艺考阶段，在这个阶段考生会逐渐产生用户黏度，到后期选择文化课培训机构时，往往也会选择这个学校，线上线下相辅相成，互相促进。

教育培训行业门槛低、竞争激烈，但目前在艺考培训领域还没有其他机构做线上业务。"新致远"不断开发线上新项目，力求处于行业领先地位。

4. 人文关怀赢口碑，助梦艺考巧宣传

做教育是良心行业，口碑的积累靠公司全心全意地付出，人文关怀就显得更加重要。一模、二模的时候大家的学习气氛高涨，老师们也会和学生聊天，鼓励他们；每年高考结束后，公司都会逐一到优秀考生的家里，

发放奖学金和奖杯，和学生聊天交流，听取他们的反馈。

公司还有一部分项目是免费提供给艺术生的。每年的校考阶段，公司都会统计各个学校的校考信息，公布在平台上，免费供学生浏览。每个学校考试时间和考试内容都不一样，这些信息考生们是很难掌握的，唯一的途径就是去学校的官网逐一查询，这需要投入大量的时间。在考生学习时间非常紧张的情况下，平台无偿给学生提供这些信息，让他们多一些时间学习。

提到人文关怀，王雅说："教育培训这行是一个需要长时间比较和积累的行业。老师有没有好好教，学生心里是特别明白的。学校是否真的将学生的需要放在首位，还是把赚钱放在首位，学生们都会有自己的判断和选择。我们真正在为这行投入自己的时间、精力和心血，和学校的老师以及学生接触时间长了以后，大家靠的是感情，靠的是相互信任。其实，不光是创业，做任何事情要是把利益放在前面，我觉得永远都不会成功。"

王雅认为做教育培训最重要的就是口碑。今年新致远公司招生600人，有300人都是去年的学生推荐的。

"新致远"办公场所

5.赠人玫瑰，手留余香

每年送走学生的时候，公司都会收到各种礼物、锦旗，这让王雅很感动。因为她自己本身就是艺术生，她非常了解艺术生们在备考过程中的酸甜苦辣。很多艺术生的专业课成绩很好，但是文化课基础往往比较薄弱。王雅说："帮助艺考生复习文化课，有时候真的是从零教起，能够一步步把他们带起来，把他们送进理想的学校，帮助学生们实现他们的梦想，真的是一件挺骄傲的事。"在王雅看来，她和艺考生们既是朋友，又是伙伴。她做不到的事，学生们可以帮她做到；而学生们面对的苦难，她又可以帮助他们克服，这让她很开心。

【创业感悟】

1.有想法要勇于尝试，敢于付诸实践

王雅认为创业没有听起来那么难、那么恐惧。创业其实就是非常投入地去做一件事。很多人并不是遇见了多大困难，遭遇了多大打击，而是很难迈出第一步。对于很多大学生来说，觉得创业很远，宁愿选择一份安逸的工作，其实创业有时候并没有那么难，如果你有一个很好的想法，就要去尝试，就会有无限可能。

2.生活中需要多思考、多观察

生活不仅仅是柴米油盐酱醋茶，也是丰富多彩的，只是需要人用心去思考，用眼去观察。多在生活中发现你感兴趣的事情，多去发现生活中的一些痛点。创业无非是为别人服务，让大家过得更好。如果你发现一些社会问题，就要多思考，多观察，想想你可以做什么。

王雅说："很多大学生创业失败的原因是太盲目，没有一个很成熟的

考虑，还有就是没有把精力完全投入到这上面。我觉得我挺幸运的，我自己就是艺术生，刚好就接触到了这个行业，我发现这里确实有很多漏洞和不足的地方。另外，创业是可遇不可求的，创业很重要的是机缘巧合，如果你是个有心人，你就会发现机会。不是说我今天要创业，我去看一看哪行可以创业。应该是你有这个想法，你就会在生活中无时无刻不观察和思考一些东西。像'饿了么'，他们也是遇到了晚上在宿舍饿了这种情况，就考虑怎样解决生活中的这些问题。"

【智慧点睛】

1.用心生活才能发现商机

作为一名"95后"大学生，王雅对商机敏感、对风险包容、对环境适应，这些特质让她成为一名优秀的创业者。在创业项目的选择上，王雅通过平时对社会问题的思考、观察，发现了痛点，并发展为创业机会。她结合自己作为艺考生的亲身经历，敏锐发现了艺考市场需要规范的商机，她选择的创业项目及价值主张便是"渗透艺考阶段各个环节，为艺考生提供一站式无缝隙服务"。

2.培植资源是创业成功的基石

首先，由于王雅本人亲自经历过艺考的所有流程，所以对艺考生的需求了如指掌；其次，她找到了志同道合的合作伙伴，两人协力开创企业；再次，最关键的一点是，她找到了河北省知名的艺术生文化课品牌学校作为合作伙伴，将它的资源借用过来，在它的基础上发展自己的事业；最后，她实现了资源的反哺利用，自己的客户也就是培养的学生考上大学后，又通过线上平台成为自己的资源。综合以上四点，这些资源都成为王雅创业成功的必要条件。在创业市场的选择上，王雅选择了细分市场，只针对河北省的艺术生，紧紧抓住这些小众需求，将他们的需求研究透，做有针对性的"一条龙"服务，抢占了细分市场。在渠道通路方面，王雅借助了非直接渠道，也就是合作伙伴的学生资源，并对这些资源进行网络整合形成网络渠道，由学生关注、产生兴趣、购买服务到最后口碑传播。而在商业模式的选择上，她选择了时下最热的"互联网＋"模式，与 B2C 的传统模式相结合。她将当下热门的微课讲堂和 APP 相结合，将线下体验式教学与线上互动式体验相结合，有针对性地开发出艺考日历和文化课百日学案，为艺考生提供全新的培训体验。王雅的收入来源较为简单，主要是艺考生缴纳的服务费。

3. 商业模式创新是创业成功的重要手段

在营销方式的选择上，王雅将体验式营销、网络营销、差异化营销、口碑营销相结合，多管齐下取得较好效果。

然而不可否认，作为一名在校生与企业的初创者，王雅在创办企业方面还有很多不足。这一点王雅自己也意识到了，培训机构的可复制性很强，线上平台发表的一些信息或者文章很容易被其他培训机构窃取。所以应当进一步提升服务品质，做出自己的特色，在商业模式上也应当进一步创新。在创业资金方面，公司的资金来源较为简单，应当争取更多的风险投资。细分市场是一把双刃剑，王雅将自己的市场对象定位为河北省艺考生，虽然在初期由于定位精准而能够迅速打开局面，但纵观河北省，艺考生不仅数量有限，同时也可能会选择其他服务机构，因此，企业抗风险的能力较低。

4. 诚信立身，服务为本，以人文关怀抢占市场先机

王雅作为艺考生，对于当前艺考培训机构的混乱和不规范，深有感触，因此她创办的新致远培训机构首先以人为本，以诚立身，凸显人文关怀，全心全意为艺考生服务；其次才是经济利益的谋求。以学生利益为核心的服务宗旨成就了"新致远"良好的口碑。

在创业路上，王雅是一名先行者，希望她能越走越好！

厚积薄发

——帅小伙抢占儿童教育新天地

【人物名片】

创业英雄：陈超

出生年月：1980 年 11 月

所学专业：计算机

毕业时间：2003 年 6 月

创业项目：做义工时发现儿童教育商机，利用十几年做网游的基础，自主研发教育内容，专供 3—6 岁学前儿童识字和阅读使用。

【前情提要】

陈超在大学期间以及大学毕业后将近十年的时间里一直在从事与专业联系比较密切的网游行业，采用 csp 模式，随着网游开始走下坡路，转型遇到了瓶颈。他意识到互联网行业不适合创业。做义工时发现儿童教育的

陈超近照

商机，认真调研了几年之后，他毅然决定在儿童教育方面创业。他们与儿童教育相关的机构进行合作，将团队自主研发的课程以及课本练习册资料卖给他们，机构获利后再分成。长期在网游圈的打拼，使他积累了很多经验教训，并促成了他在儿童教育行业的成功。通过与大客户合作扩增品牌知名度，并坚持互联网行业"薄利多销"的宗旨，他逐渐走向成功。同时，对这个行业的热爱与坚持，使他一步一步走上了成功之路。

【创业故事】

1. 网游圈十年打拼，奠基创业成功路

大学毕业时，互联网正热，所以陈超当时就进入了网游圈，做了十几年的网游，基本上整个互联网的东西都熟悉了，积累了大量的经验。

互联网最开始的交易，是通过卖软件，一个软件一个序列号，一手交钱一手交货。后来由于商业模式的转变，软件可以免费使用，csp（come stay and pay）的付费模式即一些基础服务免费，其他的增值服务需要付费，淘宝和易趣应运而生。他在校期间也会在易趣上做一些交易，但当时易趣机制不太成熟，有时会出现货到不付款的情况，易趣还会从中抽成，所以当时生意没敢做大。互联网当时的商业模式大多是 csp，陈超也曾顺着游戏的爆发点挣一桶金。他研发了很多 APP，投入了很多钱，客户的下载量很大，但是付费转化率极低，也就是千分之几的转化率。转型迫在眉睫，却遭遇瓶颈。和同行几番交流，他了解到大家都出现了类似情况，发现目前这个市场不太成熟。通过这十几年的打拼，陈超积累了很多的经验教训，了解到了消费者的消费倾向。"宝剑锋从磨砺出，梅花香自苦寒来"，可以说这十几年的辛苦打拼为他以后的成功之路奠定了坚实的基础。

2.深入调研，发现商机

陈超从 2009 年开始做义工，在一个给儿童做实验的小实验中心里面，平时每周给孩子读读绘本、弹弹琴。他发现当时儿童教育行业受互联网影响较小，是一个不错的商机。他通过调研发现，当时的家长对手绘本并不

陈超工作场景

注意，而普遍会选择一些图画书。手绘本可以提高儿童的阅读兴趣以及阅读能力。在调研的过程中，他发现3—6岁儿童的阅读物很多，但是分级阅读的很少，有一部分分级阅读的也是英文。陈超意识到中文分级阅读是一个商机，而且国家对中文阅读越来越重视，春季阅读会、夏季阅读会陆续开展，家长对孩子的阅读越发重视。他发现儿童教育行业市场空白，可以进行开发。凭借自己在互联网行业积累的经验和人脉，陈超想到了中文分级阅读和网络教育的结合。

为了做好中文分级阅读，陈超打破了以往的网络教育、幼儿教育的模式，开发了具有鲜明特色的教育模式和教育内容。过去的儿童教育，主要是为了应试教育，比如一些培训机构，招收中小学生，开展知识教育，主要教育模式是线下教育，也就是现场教学。而蛋壳教育做的是互联网教育，无论课程还是教材都是自己研发，讲课视频也是自己录制，具有明显的特色和优势。

如何定位自己的互联网创业呢？陈超认为创业型公司分为四层，最底层是BAT等互联网基础服务的提供人，这一层上面是滴滴、京东等衣食住行的服务平台，再往上就是品牌性的公司，最后一层就是小的工匠，可能是一个网红或者直播。整个互联网创业已经分为这四层，他们认为在最底层和第一层，没有什么机会了，所以现在大部分在品牌层，就是很垂直细分的领域，把品牌做出来。不论互联网还是社会，经过了这几轮发展以后，这个社会形态已经形成。他们做儿童市场里的中文阅读，认为所有儿童教育机构是没有好的教育内容和教研能力的，所以他们自主研发相关课程，提供智力支持。陈超说："大家伙挖金子我们卖铲子就好了，我们提供工具，帮助客户建设课程体系，从中抽取提成。"发现商机后，他找准自己的定位，利用自己的优势，逐渐走上了正确的轨道。

3.借力大企业，创造品牌效应

陈超认为现在第一步就是找大的客户，先借助大客户推开以后创造一些品牌效应。他找到了悠游堂，全国有二三百家分店，想把自己的课程植

陈超团队办公场所

入悠游堂的易拉宝中去，从而实现双赢。他们的产品之所以能够吸引这些大客户的青睐，是因为做到了真正为客户所需。他们自主研发了分级阅读读物，关键目标是培养孩子的阅读能力，但是孩子的阅读能力在绘本里面是读不到的，所以他们结合分级阅读课程，自主研发了标准化课件。一些机构如果想和他们合作，直接在公司平台上开一个账号就行，平台上有备课教案等所有上课的资源。

他们遇到瓶颈期之后，逐渐转型，利用互联网的优势，结合实际情况，打开了成功的大门。首先，他们直接去做 C 端，就是直接做家长、家庭端这个模式。这种推广模式难度很大，于是后期做了调整，直接开发机构客户资源。因为机构客户具有很强的购买力，只要能给他们带来利益，机构的付费意愿就会很强，整体收入情况就比较稳定。其次，他们针对家长的心理需求，结合业务发展的需要，组织相关专业人员，编辑印刷精美的教育教材，与手机 APP 结合，形成线上线下相结合的销售模式。同时，他们再借助大公司拓展和提高自身的知名度，逐渐壮大，走向成功。

4.人文关怀，互利双赢

在与客户的合作上，他们继续沿用互联网的 csp 模式。这种模式刚开始收费很少，等到客户挣钱之后再提供增值服务，收取客户的分成。这样一方面可以减少企业的心理压力；另一方面更有利于企业挣到更多的钱。他们还以互联网行业"薄利多销"为宗旨，以低价卖给公司，鼓励公司卖给更多的客户，从中收取一定的费用。这样他们有了自主研发的真实可用的课件以及教材，招生量上来了，自然就赚钱了，也就向成功迈了一大步。

5.团队成员优势互补，职责明确

当谈到自己的合作伙伴时，陈超说当几个人对一件事同时认可并且热爱时，心就会不断靠近，经过磨合，就会融为一个坚不可摧的整体。蛋壳阅读团队现有员工 30 人，股东 3 人，其中，陈超是 CEO，负责网络课程开发，另外两个成员分别负责课程研发和市场营销。

【创业感悟】

1.用满腔热情，拥抱心之所想

陈超提到，要想创业，就必须要有足够的热情。创业是一件很辛苦的事情，如果你不是迫切地需要钱才来创业，那么支撑你一直走下去的一定是你的热情。创业过程中，你会遇到大大小小不计其数的困难，一两次你可能会挺过去。困难多了，脚步可能就会徘徊，心可能就会不坚定，而你可能也会放弃。大学生处在一个如此好的创业环境中，国家支持，学校倡导。因此要学会把握机会，用自己的满腔热情，去拥抱自己的心之所想。

2. 找准方向，精准把握航线

敏锐的眼光与洞察力，会帮助你发现社会上存在的独特商机。陈超说："学弟学妹们要是想创业的话，肯定是要找一个特别垂直的领域来做，如果现在我说我要做一个大品牌，是不会有人相信的，即使从互联网创业来讲，已经过了那个时代了。所以现在就是看你到底能做到多精、多垂直，你哪怕从里面切一个小方面，从别的领域里面细分一块出来，这都是特别重要的。第一步选择自己最热爱的行业是最关键的，然后再去考虑怎么把这个东西做好，匹配相关资源。如果没有对这个行业的热爱，万一项目遇到困难，可能就真的坚持不下来了，因为创业确实是一场马拉松，是一个挺漫长的过程，所以需要内心的热爱才能把这件事坚持下来。"

【智慧点睛】

1. 打破互联网瓶颈，线上线下相结合

当陈超在网游上遇到瓶颈不知该如何进行下去的时候，没有选择放弃，而是去做义工，换个心情，寻找出路。功夫不负有心人，敏锐的视角使他发现了商机，开始做儿童教育。结合以往的互联网工作经验和教训，采用线上课程与线下教材相结合，再加上没有对客户进行直销，而是采用迂回的方式，与大公司合作，增加保障，提高知名度，走向了成功的道路。陈超团队这种永不言弃、敢于突破瓶颈、另辟蹊径的精神，值得肯定。

2. 坚持自主研发，铸就竞争实力

陈超团队之所以能有今天的成功，自主研发具有分级功能的课件和教材是至关重要的。创业要成功，必须要有创新。创新是一个企业的灵魂与

活力，创新是硬实力，无论何时，创新以及产权都是非常重要的核心竞争力。无论华为的成功，还是苹果的独领风骚都能说明创新的至关重要性。

3.细分市场和客户，打造特色产品

在成熟市场中开发新市场，在客户群中寻找特定群体，是陈超创业成功的关键。目前，儿童读物很多，整个市场处于饱和状态，但是产品种类繁多，良莠不齐。如何在这个庞大的市场中发现商机，攫取市场，需要具有敏锐的商机意识和营销意识。

陈超，迎来了属于他的春天。

第三篇 服务与营销类

随着世界经济一体化发展，现代服务业在国民经济中的比重不断上升。现代服务业具有智力要素密集、产出附加值高、资源消耗少、投入产出效率高等特点。当前中国经济进入新常态，贸易资源和环境条件发生了变化。创业者们独具慧眼，用一颗执着的坚强之心，凭借果敢坚毅的品格，坚持不懈，克服重重困难，抓住了发展机遇，依托现有资源，以服务为第一要义，做有情怀的项目，做有温度的生意，以深度服务促进交易，形成口碑传播，增强用户黏性，在服务领域取得骄人业绩。

取长补短
——开启国际新征程

【人物名片】

创业英雄：李学武

出生年月：1984 年 11 月

所学专业：国际经济与贸易

毕业时间：2007 年 6 月

创业项目：创办公司跨国经营出口钻井设备和配件，提供"一揽子"服务，取长补短，成功寻得商业"蓝海"，开启国际新征程。

【前情提要】

李学武在大学毕业时没有盲目创业，而是有目标地在石油公司工作一年。一年的时间里李学武涉足了公司的各个领域，取长补短，积攒了丰富的知识和经验，而后走上创业路。李学武所创办的公司主要面向以色列、

李学武近照

伊朗、印度等国家经营出口钻井设备和配件，鉴于他敏锐的洞察力，成功寻得商业"蓝海"。他坚持信誉、技术、创新，克服重重艰难险阻，成功地走出一条创业路，开启了国际新征程。

【创业故事】

1.明确目标多历练，厚积薄发创事业

李学武认为，作为刚刚毕业的大学生，自己还没有足够的经验，资金和人脉都不知从何而来，就这样盲目去创业并没有多大的胜算。于是他选择了到一家石油公司工作，在这一年的时间里，李学武不问工资多少，努力汲取各方面的知识，公司的各个领域都尝试去涉足。这一年他做过工厂包装员、打字员、市场分析员、销售人员、总经理助理等，通过不同的岗位了解了整个公司的运营情况，丰富了自己多方面的经验，有了这些再出

去创业就有了底气。

　　创业并不是一场说走就走的旅行，背上包带上满腔热情说干就干，而更像一个成蝶前破茧的过程，要积蓄力量，迎接一场美丽的蜕变。毕业后有目的地选择一家企业，从学会如何做好一名普通职员开始，迅速地融入企业，了解相关行业状况，熟悉业务和流程，吸取实战经验和积累资本。

李学武工作场景

2. 成功寻得"蓝海"，坚持市场导向

　　李学武选择在石油领域创业是因为曾经在石油公司工作，对这个领域有比较全面的了解。他认为与其选一个完全不懂的行业去做，倒不如好好利用自己这几年的经验。李学武所创办的公司现在做出口钻井设备和配件，主要市场在以色列、伊朗、印度等国家。最开始这方面在国内是个比较冷门的行业，知道的人很少，但利润很高。这就是经济学中常说的"蓝海"，是一个全新的市场空白点。关于选择创业项目，李学武认为应以市场为主导，投资项目不能凭空想象，必须从社会需求出发。关于寻求"蓝

海"，李学武对初创业者的建议是做详细的市场调查，抓住市场空白点。选择项目要果断，有想法就要敢于尝试，创业不可能一蹴而就，要经得起失败的考验。

随着业务的增加，李学武根据客户的需求扩展了一些周边产品的供应，开始提供"一揽子"服务。比如客户除了设备配件，有时需要野外所需空调、饮水机、日用品等，往往需要到很多地方才能采购齐全，他们认准客户需求，帮助客户提供便捷服务。所以，他的公司竞争优势就在于客户可以在这一个地方采购到所有需要的东西，为客户提供方便是李学武的宗旨。李学武认为，对于要创业的人，一定要明确找项目的原则，一定要了解市场，满足市场需求。创业必须明确"企业是解决客户需求的存在"的观念，才能确保企业长盛不衰。

3. 信誉、技术、创新，三要素成就创业梦

李学武认为，自己创业成功的要素很多，但是最重要的三个因素是信誉、技术和创新。

首先，一个企业想长远发展就要重信誉。这是显而易见的道理，然而中国的很多企业并不看重这些。南方沿海地区的企业还好，北方企业尤为严重。很多企业是怀着一锤子买卖的心态进行交易。比如，在和某些厂家交易的时候事先约定定金和提货时间，但是提货时，厂家却提高价钱或者不能定期交货。这时只能尽力与厂家交涉，同时还要安抚国外的客户，导致特别容易流失客户。李学武在摸爬滚打中找到的技巧是选好厂家，跟客户交涉时给自己一个星期到两个星期的缓冲时间，这样多方受益再好不过了。信誉对于国外的客户来说，并不仅仅是网站上天花乱坠的宣传，更多的是服务，还有客户在过往合作中的满意程度。

其次，过硬的技术和创新活力也很重要。举一个简单的例子，一个钻井设备上的外轮廓螺丝，中国是员工一个一个用手拧，而国外在这一点小细节上有所创新和突破，将它改进为充气式新型设备，这样单是拧螺丝的时间就省下来半个小时，却多卖了 200 万美元，一下就增强了市场竞争

力。要让中国真正地走向世界，摆脱中国制造的标签，创新活力在企业发展中的重要作用不言自明。创新是企业赖以生存和发展的重要保障，增强自主创新能力是调整产业结构、转变经济发展方式的中心环节。所以企业要进一步增强机遇意识和忧患意识，在推动科技进步和创新上下更大的力气，提高企业的核心竞争力。

4. 克服艰难险阻，坚持自有渠道

李学武在创业过程中遇到过很多困难，比如创业初始筹集资金、寻找人脉、国际合作项目需要一个人到各国出差等。他印象最深的就是有一次去印度见客户，快走到酒店门口的时候突然来了几个冒充警察的坏人来抓他，让他上车去警局。他回想自己没有违法，看他们不像警察，快速反应，迅速逃离。后来得知那边经常有人冒充警察抓中国人，只要一上车，必然洗劫一空，上了车可能就永远下不来了。而且在国外，一些国家交通信号灯非常少，很多摩托车开得特别快，李学武都不敢过马路。后来被戏称：每次都是用生命过马路。李学武说，没出去之前，听朋友说外国如何好，只有出去之后你才会知道只有自己的祖国是最好的，哪里也不如中国好。他还有很多磨炼，若没有亲身经历过，无法体会创业途中的艰辛。

在渠道方面，由于大部分客户是国外客户，曾经考虑过雇用当地代理商。因为出口贸易这个行业，有很多外国企业在石油开采的时候是不等时间的，联系好后就要马上供货，而我们从国内发往国外最顺利的情况下也要一个多月。这时候如果有当地的代理商来代管仓库，是非常方便的，而且能更好地进行贸易往来。但是，与当地人在短时间内是不能建立完全信任关系的，代理商兼职的可能性很大，不会对仓库十分在意。他可能会先考虑这次合作对他利益大不大，是否足够让他心动，也许小笔的生意他会直接省略，这样就会错过很多商机。再者，他们并不会对销售情况及时上报，销售收入都被他们暂时扣留下来。因为不能总往国外跑，为了避免造成很大的损失，李学武到现在就只有一个外国代理商，大部分业务依靠自有渠道进行销售。

【创业感悟】

1. 意志力是克服创业路上艰难险阻的最好药方

作为已经走在创业路上的创业人，每天都要经历重重考验，在情感和精力上备受折磨。创业初期，一人身兼数职，压力倍增，忙了这头顾不了那头；创业资金短缺，无法扩大生产和销售；周围人的不支持、不理解，被人打压和数落；接待客户，每天喝酒、应付饭局的身心俱疲等等。我们所看到的都是那些成功创业者的辉煌，而没有看到失败创业者因重重困难而放弃的身影。其实绝大多数人不愿迎难而上，因为人类天生喜欢那些容易走的道路。所谓捷径，其实就是精神法则中付出最少法则。创业者偏偏选择了执行困难的任务，面对前进路上令人生畏的障碍，他们需要抵御与生俱来的轻松偏好，这种抗轻松的药方就是意志力。踏上白手起家的征途之后创业者必须具备足够的意志力，这样才能克服创业路上的重重困难险阻。商业巨头或者运动健将，他们往往具备钢铁般的意志，意志力是良好的自我管理的成果，它意味着如果你想要争取还未成型的回报，那么就需要学会控制冲动、抑制放纵、坚持不懈。取得成就需要付出努力，而努力其实是需要大脑发出不遗余力控制的指令来执行的。

2. 追逐理想，实现自身价值

面对如今这个机遇与挑战并存的时代，每个人选择的路各有不同，摆地摊或者做微商可能都要比创业初始的利润多，那为什么还有人会选择创业之路呢？我们大学生有更高的理想和追求，而不能始终以挣钱多少去衡量一个人的价值。李学武心中最大的渴望是成为一个"大写的人"。人活着就要追求理想，就要实现自己的价值，因此去做自己认为对的事，不遗余力。漫漫人生，唯有激流勇进，不畏艰难，奋力拼搏，方能抵达光明的彼岸。信念会一直提醒你每天应该做的事和努力的方向，它会一直坚定你的信心，一直带着你通向成功的道路。在这个过程中，不论有多少困难险阻，它都能够引导你向正确的方向前进。

【智慧点睛】

1. 理想与坚持助他实现创业梦

作为一名创业者，李学武对商机敏感，能适应多变的环境，这是他创业成功的个人特质。由于本人在石油公司一年时间的多角色锻炼，李学武积累了丰富的经验。面对创业路上的重重艰险，李学武选择了迎难而上，对自己实行严格的自我管理与约束，最终取得了较大的成就。

2. 服务客户，明确价值主张

在创业项目的选择上，李学武选择了自己熟悉的石油行业，并通过市场调查，从大家都不了解的冷门区域入手、从社会需求出发，寻得商业"蓝海"，同时获得高额回报。他不畏艰难险阻，只身到国外开拓市场，多年时间积累了丰富的资源。李学武的价值主张便是"企业是解决客户需求的存在"，认准客户需求，帮助客户提供便捷服务。在渠道方面，李学武还没有与国外代理商大规模建立起信任关系，在创业初期怕错过小单生意，虽然艰难，但仍然坚持了自有渠道。

3. 寻求"蓝海"，创新商业模式

在创业市场的选择上，李学武成功找到市场的空白区域，将目标锁定在以色列、伊朗、印度等国家，将这些客户的需求研究透，提供"一揽子"服务，除了销售本公司产品，还销售客户需要但不方便购买的其他产品，实现一站式购齐。他选择了客户方案解决模式作为自己的商业模式，通过了解客户所需，设计了"一揽子"服务，将自己与竞争者有效区分开

来。收入来源主要包括自有产品和代购产品的销售收入。

　　李学武是一名成功的创业者，但是在公司的发展问题上还有很多事情需要摸索。比如，在渠道方面，如果能和国外代理商建立起相互信任的合作关系，将会十分便捷，并可以大大增加销量。如何与国外代理商合作，降低渠道成本，畅通渠道通路，还需要不断探索。虽然在创业初期，李学武成功寻得商业"蓝海"，但是如何保护这片"蓝海"不变成"红海"，维持自己的竞争优势，保护利润区，还需进一步提升自身核心竞争力。客户方案解决模式的商业模式和"一揽子"服务可能被其他竞争者模仿，不能有效将竞争者挡在门外，所以商业模式仍需进一步创新。如何进一步提升产品、服务品质，做出自己的特色，创新商业模式，还需进一步探索。

长风破浪

——服务领域梦想绽放

【人物名片】

创业英雄：王策

出生年月：1987 年 1 月

所学专业：护理

毕业时间：2012 年 7 月

创业项目：2012 年在保定市成立港中会议展览有限责任公司，2016 年在石家庄成立河北拜罗辉强会议服务有限公司，主营业务包括会议及展览服务、汽车租赁业务。

【前情提要】

王策大一时在学校卖被子、收废品、卖手机卡等，是一个爱"折腾"的孩子，大二时开始做学生包车业务，在校期间业务还不错，2009 年成

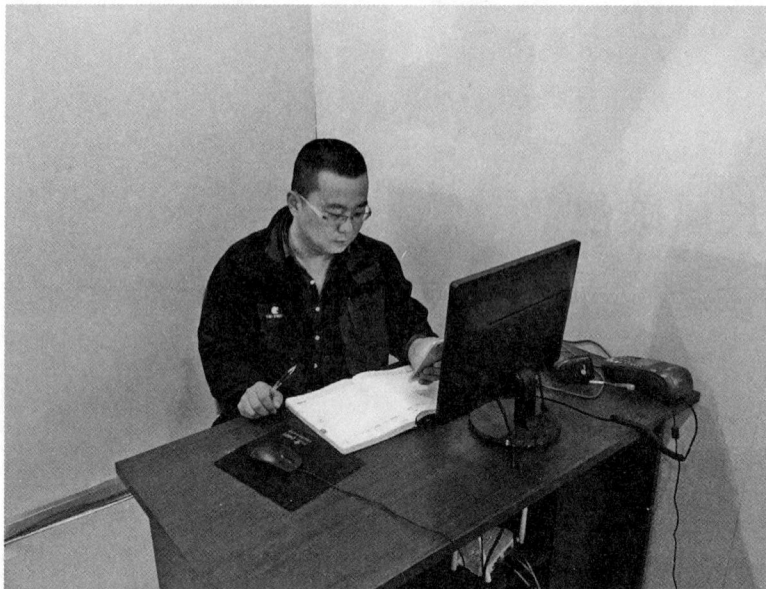

王策近照

立凤凰旅行社。毕业后他去北上广—线城市出差接触到会展公司，受到启发，2012 年成立保定市港中会议展览有限责任公司，经过几年发展，公司业务稳步增长，并在石家庄成立河北拜罗辉强会议服务有限公司，主营业务包括会议及展览服务、汽车租赁业务，目前主要客户群体是外企。

【创业故事】

1. 一颗不安分的心，终走上创业路

王策上学时是一个比较爱玩的孩子，消费也比较大，而他来自一个普通的农村家庭，也不太富裕，家里给的生活费花完了他也不好意思再要，于是就跟同学借钱。大一时看到很多同学都做兼职挣点零花钱，他也想自己挣钱，后来在大学剩余的几年里，他没有跟家里要过一分钱。

他们班同学那会儿有出去当家教的，还有给人贴小广告的，但他不愿

意做这种兼职，一方面他认为从中学不到东西，另一方面他不想自己的劳动成果被别人剥削，所以没有选择这种方式，他选择的是挣一分钱也都属于自己的事情。他建议："大学生兼职要谨记一点，千万别让人当了最廉价的劳动力使用，到最后什么也学不到。"那时候他就想挣点生活费，是根本不懂创业的，一开始也走了不少弯路，在学校卖过被子、收过废品、卖过手机卡等。印象比较深刻的一次是当时他把仅有的 1000 元生活费全都用于购买联通手机卡，拿到学校来卖，没想到根本就卖不出去，事后了解到当时移动的动感地带套餐比较好，学生基本不用联通卡。回想起当初的困境，他说："我特别感谢我经历的这些事情，有时候失败不一定是坏事。"

他尝试过很多事情之后开始做学生包车。当时的模式就是自负盈亏，放假前他们从汽车厂家租来车辆，然后在学校里招揽回家的学生，省内各市路线都做，时间长了，生意越做越好。王策在校内也小有名气，就这样走上了创业路，2009 年成立了凤凰旅行社。

承办会议现场

2. 困境磨砺心智，坚持成就梦想

刚开始做包车的时候还是挺艰难的，那时候王策和另外两个小伙伴一起干，他说："那时候没有挣到钱，过年回家的时候我们就互相写个欠条，然后拿着欠条就回家了。"谈到过去的艰难，他记忆犹新，印象最深刻的就是有一年正月初一就离家回保定了，去小营房吃泡面，就为第二天挣500块钱。王策说："当时家里不让我走，是我妈含着眼泪把我送出来的，我说如果挣不到钱我就不回家了。现在想想还挺心酸的。"

王策讲述："刚开始贴小广告，连买胶水的钱都没有，脖子上挎个小桶，买了二斤面粉，一个手拿刷子，一个手拿广告帖，就这样。2008 年冬天，我骑着电动车，几个晚上把保定学院、金融学院、职业技术学院、河北大学等所有学校都贴了一遍。现在阴雨天气的时候我的腿就疼，也是那会儿落下的毛病。曾经在保定职业技术学院贴广告的时候被保卫处发现了，保卫处发给我一个小铲子，让我自己清理广告，清理干净了再贴，只有这种办法。这些都不算什么，你一定要明确你的目标，我清楚地知道自己想做什么。"从谈话中我们都能感受到当年王策经历的挫折困难和他从一而终的坚持。

3. "考神" 灵感打开财富市场

当时看到学校里每年都有好多学生到石家庄参加国考，王策来了灵感，他们设计"考神"小卡片，就是小卡片正面有一个"考神"，发着光，写着"积极备考，逢考必过"，后面是联系电话，其实这就是一项服务，拉着学生去石家庄考试，并安排好学生的住宿和返程事宜，取名叫"国考直通车"，解决了学生考试的一切后顾之忧，为学生节省出时间学习。没想到这个小卡片特别吸引人，这项业务一次能招揽 1500 人，学生们到了考场都把这个小卡片贴在桌子角上。由于"考神"的创意，终于打开了市场，当时在河北大学他们还小有名气，业务越来越好。当时也有很多竞争对手，为了占领更多市场，王策和竞争对手都是通过大量发名片来进行宣

传,名片也是有成本的,王策平时留心,联系上了名片的源头制作商——河南的一家名片制作公司,便宜,相比竞争对手节省了不少成本。我们也能看出王策果真是个有心人。

王策说:"我最骄傲的就是上学的时候,学校里有很多学生做包车这行,他们会讨论彼此挣了多少钱,但是他们从来不把我放到他们圈里比,他们觉得没法和我比,那会上学的时候大概一年挣十万元左右。"

4. 我若盛开,蝴蝶自来——公司成功转型

2012年王策到北京、上海、广州等一线城市出差,接触到了会议展览公司,而保定是没有这种公司的,当时旅行社太多,公司发展遇到瓶颈,于是他想到转型,当年注册了保定市港中会议展览有限责任公司。他特意去"北上广"大的会议展览公司学习,慢慢熟悉,在他看来:"会展公司就是把一些琐碎的事替客户想得面面俱到,会展和旅游不一样,比如说开个全国的会议,这个没有失败可言,你一旦失败,影响很大,就再也没有下次了。做服务这一行,要么尽力做好,要么不做,然后慢慢积累这种中高端客户。"

机会永远留给有准备的人。2013年有几个外宾来保定某单位,外国人比较注重隐私,不想配备翻译人员,所以他们就想找一个会讲英语又认路的司机陪同几天。招待单位选来选去最终选择了王策的公司接待外宾。王策的团队里有专门提供高端服务的司机,大学本科毕业,都能和外国人进行英语交流。

机会来的时候一定要抓住,之前有一家外企经常来河北办会议,王策借了一辆宝马去车站接会议的负责人,然后慢慢和他接触熟悉,让他了解自己的公司和服务,经过两年的接触,王策的会展公司和服务水平终于得到该外企负责人的认可,之后就承办了这家外企的所有会议。在王策看来,机会来的时候你一定要把握,想清楚你想要什么,客户想要什么,消费者想要什么,这个事就好办了。你如果感觉自己困难,不坚持了,到最后肯定是失败的。他就这样慢慢积累了一些高端客户,使会展公司逐步走

上了正轨。

谈到未来，王策认为做事情一定要与时俱进，根据客户的需求，永远满足客户需求，在变化中不断地提高自己。将来他希望把公司做成一个与时俱进的百年服务企业，2016 年他已经在石家庄成立了河北拜罗辉强会议服务有限公司。他说："现在我们存在的问题就是工作还要细化，我们想着从各方面做好管家式服务的同时也把会议做得更精更细，去外地学习，多学习高端模式，比如说 G20 峰会，参会人员签到不需要用手，只需要一个手机号，从签到处经过，有个二维码，自动登录直接就签到了。会议也要越来越智能化，我们也需要不断地学习，提高服务水平。"谈到未来，王策充满信心和激情。

【创业感悟】

1. 目标客户要明确，切实解决客户困难

所针对的客户群体一定要明确，大钱也挣，小钱也挣，到最后什么钱也挣不到。他说："上学的时候我的客户群体就是学生，毕业之后做旅游的时候，我的客户群体是老百姓。慢慢地通过一两次接触外企客户，现在我们的客户基本上全是外企。"总之，一定要切实地解决客户的困难，项目才会落地。

2. 追求极致完美，口碑胜过任何宣传

社会上最需要的一种能量就是把一件事做好、做精、做细，不要缺斤短两，不用地沟油。做任何事情都要追求完美，按照预计目标做到以后，你的成就感要远远大于对金钱的欲望。创业过程中当然对金钱有欲望，其实很多时候如果把事情做好了，有成就感的时候你不用担心钱，钱自然会来。就像他的车永远都是一尘不染，他认为这很重要。他说："比如我们

第二天早上六点需要接一个客户，我都会给司机报销 20 块钱，让他接客户之前给客户买上一份早餐。"这就是管家式服务。客户满意了就会帮你介绍客户，这种口碑宣传是最好的宣传方式。

3. 梦想需要坚持才能实现

希望大学生能放低姿态，梦想不是停留在嘴上，创业路上会遇到各种困难，绝不能退缩，创业最重要的就是坚持，百折不挠，还要有特别敏锐的眼光，发现生活中的问题，解决痛点需求，想办法做出自己的特色。一定要把创业当成自己生活的一部分，做任何事情要做好、做精、做细，不要昧良心，不断奔着目标走，一定会成功。他说："在最困难的时候我也迷茫过，有时候想想，要不我不干了。感谢我经历的一切，一路坚持，我走过来了。"

【智慧点睛】

1. 做成熟行业一定要选择细分市场

王策在创业路上的任何阶段都进行了细分市场的选择，上学时候包车业务客户群体仅仅针对大学生，毕业后做旅行社客户群体针对普通百姓，公司转型做会议展览服务客户群体主要是外企。当一个行业很成熟的时候，只有做细分市场才能立足，才能赚钱。大学生创业一定要窄点切入，找准细分市场，锁定客户群体，仅仅满足客户群体的痛点需求就好，这样有利于打开市场，项目才容易落地。

2. 良好的商业模式是成功的一半

一是服务创新。王策在校做学生包车初期遇到诸多困难，竞争对手众多，他是如何脱颖而出的呢？他发现每年有众多学生到石家庄参加国考，到了石家庄学生还得自己找宾馆，从中发现商机，设计了"考神"卡片，建立"国考直通车"，接送学生往返并统一安排住宿。"考神"卡片写着"积极备考，逢考必过"，抓住了学生国考求胜的心理，"国考直通车"迎合了学生的考试需求，所以这一创新性服务很快招来了众多客户，从此打开了创业市场，做得风生水起，以至于同时期的其他同行小伙伴们都觉得"咱们跟人家没法比"，难以望其项背。

二是市场的前瞻性。到2012年，旅行社市场饱和，公司发展遇到瓶颈，王策到"北上广"一线城市出差接触了会展公司，回保定后他就注册了一个会展公司。当时保定这边会展服务还是空白区，但他对市场的把控具有前瞻性，对自己公司的定位很清晰，清楚知道公司的发展计划，他抓住了这个机遇，为公司的发展赢得了巨大的市场空间。注册公司后他特意到一线城市去大的会展公司学习经验，为了赢得客户的信任，他积极主动和客户联系感情，用了两年时间终于接下了一家外企的会议承办业务，就这样慢慢积累中高端客户，他的会展公司终于开枝散叶，在石家庄成立了分公司，这都得益于他对市场的前瞻性把控。

三是追求完美，口碑宣传。品质决定细节，细节决定成败。从故事中我们看到王策的创业路走得还是挺艰难的，从用面糊张贴广告到学校保卫处让他自己清理广告，他的坚持终于守得云开见月明，他的公司逐步走上正轨。从宣传渠道看，除了创业初期，他从未刻意宣传，但他的客户确实越来越多，公司越做越大，正是因为他追求完美、客户至上的服务品质和服务意识，给客户提供极致服务，造就了良好的口碑宣传。就像他提到的他的车任何时候都是一尘不染的，这代表着公司的形象。早上接客人还会为客人准备一份早餐，这么贴心周到的服务谁会不乐于接受并把他介绍给朋友呢？不花分厘能够让客户主动帮你宣传，这才是最好最有成效的宣传模式。

不忘初心

——保险理赔"守门人"

【人物名片】

创业英雄：张卫平

出生年月：1983 年 10 月

所学专业：临床医学

毕业时间：2006 年 6 月

创业项目：保定泽源保险公估有限公司，受保险公司委托，运用专业手段和知识，通过检验、鉴定、评估、理算等程序，证明保险标的所提出的理赔申请的真实性、合法性，站在独立第三方的角度，保障保险合同各关联方的合法利益，维护保险行业的稳定秩序。

【前情提要】

张卫平出身于普通的农民家庭，毕业于河北大学临床医学专业，毕业

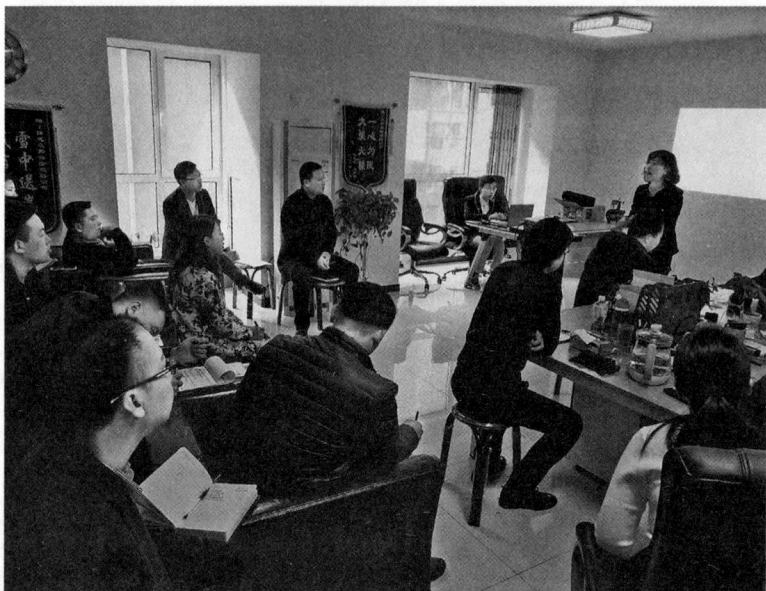

张卫平公司工作会议

后进入保定 252 医院实习、进修。在经历过短暂的人生迷茫期后，张卫平利用专业特长，获得了平安保险的人伤理赔岗位。工作多年后，他认为自己的付出和收入不能达到他的期望，2015 年，他离开原来的公司，和几个同学创办了保定泽源保险公估有限公司，站在中立的立场上，为保险公司提供公估服务。仅一年的时间，公司就已经取得年营业额四千余万元的成就，在保定地区站稳了脚跟，并将业务向周边地区拓展。

【创业故事】

1. 把控市场痛点，在空白市场寻求机遇

张卫平进入保险领域 8 年，对保险行业的情况比较了解。随着保险产品的多元化，保险理赔事务日趋复杂化，而保险公司内部的保险鉴定专员由于积极性不高、专业知识薄弱等原因，当理赔案件发生时，保险公司往

往无法快速、高质量地对案件的真伪进行鉴定，只能暂缓理赔进程。这样一来，符合理赔要求的客户无法尽快得到应有的赔付，致使保险公司的声誉受损，而恶意骗保者也会有可乘之机，他们歪曲、隐瞒、捏造事实，恶意骗保，导致保险公司遭受经济损失。如何高效地对投保标的进行损失评估，这是整个保险行业都面临的难题，因此，公估公司应运而生。与会计师事务所、资产评估机构类似，公估公司是受托于当事人的独立第三方，站在公正、客观的角度，对保险事故进行鉴定和评估，加速事实认定与理赔进程。这既能帮助投保人维护合法权益，挽回遭受的损失，又能为保险公司节省人力成本，规避骗保风险，提高服务质量，可谓"双赢"。

保定地区的保险市场体量非常庞大，每年约为50亿，每年都会发生大量恶性骗保事件及理赔纠纷，让保险公司无力应对，降低了保险行业的整体服务质量和盈利水平，而本地的公估领域仍然处于真空状态，张卫平便从中看到了巨大的商机。

2. 保证服务质量，做一单业务立一座口碑

保险公估是一项综合性、专业性很强的工作，需要遵循独立、客观、公正、全面的原则，运用科学的手段进行深入、细致的调查，尽可能全面地收集线索，并根据自己的经验进行判断，力争还原事故的真相。张卫平是临床医学专业毕业，并非刑侦出身，不具有专业优势，但他有着长达八年的相关工作经验，锻炼出高度的职业敏感性，并总结出一套自己的调查手段，他往往可以在与被调查者沟通的过程中发现蛛丝马迹，再辅以专业手段，构筑完整的证据链，这为他的业务水准提供了必要的保证。他对自己的要求也非常严格，即便业务量繁重、取证工作难度大，他仍然会将调查结果的质量放在首位。

张卫平说："我们也很辛苦，经常要下乡、走访事故现场，但是我们的辛苦保险公司是看在眼里的，他们也非常理解我们的工作，而且会说'人家干工作确实比我们到位'，这样客户才能心甘情愿把业务交给我们。"

人脉关系其实是一把双刃剑，也会把一个人或者公司的缺点放大，但

张卫平工作场景

是张卫平凭借过硬的服务质量，把人脉广的优势发挥到极致，与他合作的客户愿意把他的公司推荐给更多的人。因此，张卫平的公估公司快速占领了保定本地的市场。

3.构建优秀企业文化，做出正确的价值引导

张卫平选择自主创业的动因是在工作单位付出与回报不成正比，让他无法感受到自身劳动的价值。因此，张卫平在管理公司时，非常注重培养积极向上、竞争合作的企业文化。

首先，公司创建以来，业务量急剧攀升，公司的内勤、核查员等岗位严重空缺，但是张卫平在招聘时坚守"有能者上"的原则，摒弃学历、学校、专业这些硬性条件，看重应聘者本身的能力、性格、兴趣与本身的兼容性，还会重点考评应聘者是否认同公司的价值观，这种不拘一格的招聘理念为公司吸纳了很多有理想、有激情的青年，让公司充满了蓬勃的朝气。

张卫平认为收入和能力应该成正比，所以公司员工的工资和业绩是直

张卫平团队到泰国旅游

接挂钩的，公司还在显著位置张贴"工资榜"，让全体员工的工资差距直观可见，以激发员工的斗志。为防止这种激励方式可能引发的个人主义和恶性竞争，张卫平通过组织员工集体出国旅游、参加素质拓展训练等方式，增进员工之间的感情，提高员工的认同感和归属感，有些员工的薪资水平虽然比较低，但是他们仍然不舍得离开公司。

作为老板，张卫平对员工始终抱有感恩和敬畏之心，他说："我经常告诉他们，我到什么时候都应该深深地给你们鞠一躬，是你们劳动供养着我，而不是我给你们开工资。"也正是因为这样平易近人的心态，才让他能真正想员工之所想，给员工之所需，让公司员工同心协力，成为他事业腾飞的强大后盾。

4.人性本善，做有温度的生意

张卫平并不是唯利是图、心硬血冷的商人，相反，他是比较容易同情心"泛滥"的人，作为独立的第三方，在面临情与法的抉择时，他能给出最优解。

张卫平调查车祸案件

在对一场车祸理赔事故的调查中，当事人在车祸中丧生，张卫平认定了遇难者醉酒驾驶的事实，按照当时国家法律和行业惯例，驾驶人酒后车祸造成受害人财产损失的，保险公司不予理赔。但是张卫平在调查取证的过程中发现，死者家境并不富裕，并且死者是家中唯一的劳动力，事故发生后，死者的家中老小便失去了经济来源，生活更加拮据。张卫平十分为难，几经权衡，他们还是向保险公司提出了"此案定性，属于酒后驾驶所导致的交通事故，建议保险公司拒赔处理"的建议。

可以说，作为独立客观的第三方，张卫平的判断没有任何问题，但是他还是觉得"在受道德的审判"，为了帮死者家人摆脱困境，他组织公司全体员工捐款，并时常去探望，死者家属非常感动，还为他们送了锦旗。这样的情况并不是个例，遇到类似情况时，张卫平会组织公司内部捐款，为了调动大家的积极性，他总是捐款最多的那个。

张卫平说："如果认定他（死者）违反了法律，保险公司是不会作出任何赔偿的。我们在这个行业，就要坚持原则，但是看到老人的生活状况，看到孩子的痛苦，就会产生怜悯心，确实是太可怜了，如果不帮衬着，过不去心里这道坎。"

5. 居安思危，把握核心竞争力

虽然张卫平已经取得了巨大的成功，但是他十分清楚保险公估并不是自己首创的模式，不是无法复制的，保定的公估行业总会有饱和的一天，但目前在河北省的其他地区，这个领域还是一片空白，张卫平决定抓住这个机会，在 2017 年执行外市拓展计划，抢占其他地区的"蛋糕"。

在张卫平看来，公司的核心竞争力是高质量的管理层。在既定的工作流程和稳定的工作环境下，员工不会发现自身存在的问题，其阅历和能力很难得到显著丰富的提升，反而是在不确定的条件下，员工可以发挥能动性，独当一面。目前，张卫平已经将管理权适当下放，三位核心人员深入各地，为拓展外地市场做铺垫，进一步确定后续的发展速度、方向。

公估行业的竞争会日益激烈，但张卫平对公司的发展充满信心，他说："这个模式是可以被复制的，但是一些精髓，比如我做 8 年理赔工作总结的经验，以及我们企业的内部文化等等，是很难被效仿的。你没有去尝试，是体会不到这其中的精髓和奥妙所在的。"

【创业感悟】

1. 积极乐观，兵来将挡，莫问前程

"任何事不要把困难摆在面前，你先做了之后再说"，张卫平看待事情的乐观豁达态度，是一个优秀创业者的必备素质。

在参加工作的第八年，张卫平进入了职业生涯的瓶颈期，他渴望继续进步，实现人生价值的最大化，便萌生了创业的想法，计划脱离保险公司内部的雇佣制度，以合作制专门为保险公司提供服务，但是他的想法遭到了原来上司的反对。尽管周围有许多反对的声音，他还是坚定地迈出第一步，辞去职务，出来创业。

虽然张卫平的事业蒸蒸日上，但也会遇到一些困难。比如，大部分人对保险公估行业的工作性质不甚了解，经常出现被调查者不配合调查，甚至采取暴力对抗手段拒绝调查的情况，面对对方的恶意挑衅，张卫平保持

不卑不亢的态度，并适当借助警方的力量，总能化险为夷。

任何创业征途，都是危机四伏的，可贵的是，在保持高度警惕的同时，张卫平并没有让潜在的创业风险成为自己的精神负担。他从不畏惧预设困难，但当困难降临时，他也能以自己的睿智和沉稳化解危机，这便是"事来而心始现，事去而心随空"的心境吧！

2. 肩负责任，约束自我，提升境界

创业经历带给张卫平的，不仅仅是可观的收入，还是整个生活状态的脱胎换骨。

安逸的环境最能消磨人的意志。张卫平也是个普通人，平常人有的缺点，他也会有，早在创业之前，他已经认识到自身存在的一些问题，比如懒惰、不守时、办事拖沓、不修边幅等，但是他并没有主动去改变的想法。成立公司之后，他要时刻对自己、客户、公司负责，还要为公司的员工作出表率，在这样的压力和责任下，张卫平对自己的要求逐渐严格起来，他开始下意识地注重自己的言行举止，并养成了阅读的良好习惯，及时补充个人欠缺的知识。同样的改变，也发生在和张卫平共同创业的伙伴身上，在创业的过程中，他们都收获了更好的自己。

"人并不是一生下来就有自我管理的天分，谁都是被拱着一步一步往上走。其实我本身没有这个动力，是他们给了我，必须要有个当老大的样。所以到任何时候我都要感谢他们，没有他们，我也没有今天。"张卫平如是说。

【智慧点睛】

1. 夯实基础，不为创业而创业

张卫平工作 8 年后才开始创业，并且选择的领域是他最熟悉的保险行

业，反观当前一些投身于创业热潮的大学生，他们心高气傲，选择的创业项目看似新颖独特实则空洞无物，这种不切实际的创业项目无法经受市场的考验，注定会夭折。

作为大学生，无论今后作出怎样的职业选择，都一定要学好专业知识，张卫平就是凭借扎实的临床医学知识进入保险业务鉴定行业的。专业知识是职业平台的根基，是保持自身独特性的坚固壁垒，但是现在很多学生本末倒置，过分强调社会经验的重要性，专业课学得一塌糊涂，这样无异于自毁城墙。

另外，工作经验也同样重要，外行人永远赚不了内行人的钱，仅看表面，是无法窥得内部奥秘的，仅凭想象而发现的创业机会也不过是空中楼阁，只有先步入社会、沉下心来，深入了解一个行业，发现这个行业的弊端和需求，才能把握住创业成功的可能。

2. 科学管理，创造公司的灵魂

构建合理的公司管理制度，能够有效控制运营成本、维持工作秩序、增强公司竞争力，张卫平认识到了这一点。因此，他将自己"注重能力、以人为本"的管理理念融入人员招聘、薪酬分配、市场拓展等诸多环节，甚至聘请专业的老师改进公司的治理模式，这极大地提高了公司的生命力。很多创业者由于缺乏专业的企业管理知识，忽视企业管理的重要性，从而遭遇瓶颈。

在创业初期，公司的员工较少，结构趋于扁平，内部人际关系相对简单，创业者可以将大部分精力放在拓展市场上面。随着公司规模的扩大，创业者有必要进行公司管理模式和企业文化的构建，并督促各方严格遵守公司的章程，只有建立精简高效的公司制度后，公司才算是有了"灵魂"，才能在激烈的市场竞争中走得更远。

人们总将"创业"等同于"赚大钱"，但是张卫平的公司，既帮助张卫平实现了人生的华丽转身，又为许多有梦想的青年搭建了展示自己的平台，以更加严谨公正的态度维护了保险市场的正常秩序，带来巨大的社会效益，张卫平不仅仅是商人，更是保险行业的"守门人"！

3. 把握商机，填补保险行业市场空白

8年保险行业理赔岗位的工作经验，张卫平深谙疑难理赔案件给保险公司带来的巨大损失，而保险公司内部也没有有效的规避机制和措施。他从中看到了巨大的商机——第三方保险评估公司应运而生，填补了市场空白，并迅速占领了这一市场。

学以致用

——化学高材生进阶仪器贸易达人

【人物名片】

创业英雄：郭瑞士

出生年月：1991 年 6 月

所学专业：化学

毕业时间：2015 年 7 月

创业项目：保定格润思商贸有限公司，主要经营仪器仪表、办公设备及耗材、计算机软件、通信设备以及提供国际贸易代理服务等。

【前情提要】

郭瑞士是河北大学化学专业 2015 届毕业生，大四上学期在化学仪器设备商贸公司工作了半年。他在这段时间里了解到该行业的基本运行规律，如无负债、资金流稳定等特点，掌握了一定的上下游的人脉，于是在

2015 年 5 月自立门户，创办了一家仪器设备贸易公司。

【创业故事】

1. 在校创办家教公司，努力工作积累经验

或许因为家庭因素，郭瑞士很早就具备了创业意识，在大二的时候以朋友的名义注册了一个家教公司，负责招募老师、和学生对接、因材施教准备教案、定期组织测试反馈。其初衷就是想自己挣点钱，没想到不经意间培养了自己的创业意识，在大三的时候因为学业原因他将目标转向了其他方面。

2. 半年实习认清自我，选定目标坚定创业

郭瑞士近照

郭瑞士实习的岗位跟他的专业有很大联系，化学专业是一门以动手做实验为主的理科专业，所谓"工欲善其事，必先利其器"，作为化学专业的学生，郭瑞士对各种实验仪器设备参数了如指掌，这为他从事化学实验相关设备贸易奠定了基础。对于非化学专业的学生来说，各种仪器设备的参数听起来简直就像天书，云里雾里不知所云，而郭瑞士凭借自己在学校学习积累的专业知识，能轻松胜任这个岗位的工作。

通过在相关行业的实习，郭瑞士认为该行业很适合初入社会的年轻人，由于该行业主要接触的是政府、学校等客户群体，这些事业单位的资金不会负债，无论早晚，总会支付到位，这就大大降低了创业的风险。同时，有一些进口的设备仪器不用公司垫付资金，中标后通过一些程序走免税。或者是借款，借银行的资金做短期抵押，等客户资金到位以后再还给银行，这对于刚创业资金短缺的大学生来说非常合适。

3. 创业艰辛之旅，抓住客户打开市场大门

创业之初，郭瑞士依靠自己在实习期间积累的客户人脉艰难上轨，通过私人感情以及长时间的彼此了解，向客户阐述了公司的两个优势和劣势，进而获得用户信任以及合作。同时依靠创业团队中河北大学和河北农业大学毕业生的身份，挖掘高校市场，在每年的新教师入职时，争取客户资源。

在这样一个相对饱和的行业，永远都面临着竞争。郭瑞士也面临着客户被挖走的风险，他认为这一切都很正常，当他们自己去抢占市场时，别人也会抢占他们原有的市场。他们唯一能做的就是尽自己最大的努力维护好他们和客户的关系，在自己的能力之内，尽量地满足客户的合理要求。

然而抢占市场和客户并不是一帆风顺的，郭瑞士经常面临一些很为难的问题，就是别人认为大学生创业资历不够。客户一看是小企业就会怀疑你，不信任你。更重要的还是年龄上的代沟，客户往往比他们大很多，所以要观察不同年龄段客户的说话方式和行为习惯，尽量适应他们，从而拉近距离，让客户认同接纳他们。为了培养这方面的能力，他甚至开发了一套"麦肯66"的储存档案。其中记录着所有已有客户、潜在客户的各项基本资料以及相关性格、兴趣、爱好等。基于对每个客户长达数月的调查整理，以及各种接近客户、了解客户的策略，郭瑞士的公司创造了年营业额三百万元的业绩。

4. 坚强品格力克难关，助推企业度过寒冬

对于初创公司，郭瑞士的优势就在于购买设备并不需要预付资金，不用去垫钱，就是说中标后，通过一些程序走免税，或者是向银行贷款做抵押，等钱到账以后再还给银行。但是这样的模式仅限于进口的设备制造企业，对于国产部分企业仍需要提前垫付资金。2016 年 10 月在资金周转上就出现了困难，因为一部分项目是垫付型的，中了 40 万元的标，得先垫付 40 万元，巨大的资金压力对于郭瑞士来说是一个不小的挑战。他的现金并不足以支持垫付，所以他当时痛下决心，把车子卖了，向朋友借钱，凑齐之后把设备买回来让客户验收，然后客户资金才到账。

5. 坚持信誉质量保障，赢得客户口碑

对于设备的购买，客户最在乎的就是售后服务。购买设备的第一年，一般都是厂家直接过来维护，过了质保期，再维修就需要给付相应的维修费用。为了维系老客户，几千元的维修费用、维修工程师的往返飞机票等费用，郭瑞士就给支付了。做好售后服务，才能获得客户的认同感，才会在未来的竞争中争取到优势。郭瑞士认为坚持客户至上的原则，高度重视对信誉和质量的保障是非常必要的，否则对于客户维持的影响几乎是毁灭性的，尤其是对于初创公司，客户至上，才能够保证稳定的收入和公司的发展。

【创业感悟】

1. 创业要事先准备，不可盲目跟风

随着"大众创业、万众创新"的推广，很多大学生萌生了创业的念头。但是，当下很明显的问题是绝大多数大学生创业者并不知道自己究竟

想做什么，而是盲目跟风，一窝蜂挤着去做旅游路线个性化定制、各种功能 APP 等热门项目，殊不知缺少专业知识与技能的创业犹如天方夜谭，最终绝大部分会以失败告终。80%的创业者都不是一毕业就开始创业的，他们肯定是先了解这个行业，积累行业经验，再开启创业之旅。郭瑞士作为化学专业的学生，在掌握相关技能后，非但没有盲目创业，反而是到该行业踏踏实实实习，摸清行业内在规律，确认自己的兴趣与专长适合化学设备贸易工作后才在该行业创业。

创业不是一朝一夕的事情，不能仅凭着一时的兴趣就盲目投身其中，而是要严肃认真审视自己，并通过查找资料或亲自进行市场调研，了解行业现状，接触到要创业的相关行业的专业知识，进行尽可能全面的准备后再确认自己是否要选择该行业进行创业。

2. 丰富人生阅历，方可巧对创业

大学生最重要的资本就是年轻，而创业需要的除了年轻人的冲劲，还需要随着阅历的增长而不断丰富的人格与能力，所以创业初期就相当于用自己的资本换取更大收益的过程。年轻人要将眼光放得长远，不要拘泥于当下能赚多少钱，而是要让自己变得更加值钱。创业注定是一个艰苦的过程，要用跑马拉松的耐力坚持下去，而不是跑 50 米的短暂爆发力。

创业给创业者带来的最大欣慰不是赚多少钱，而是这个项目存活下来以后内心的满足感与成就感。创业要懂得戒骄戒躁，不因为一点小小的盈利就骄傲自满，在这个过程中经历的事情和积攒的经验才是最宝贵的东西。不断积累不断进步，再将自己的积累运用于创业项目，不断为其注入新鲜血液，使其具有长期发展下去的活力。

【智慧点睛】

1. 资源整合是创业过程中的关键

郭瑞士所从事的行业，很重要的一点就是客户的需求量大而变动小，也就是说客户资源对他的企业来说是要想方设法掌握在手中并尽可能保证不流失的珍贵资源。这就要求企业要有责任感，对客户有保证，既要有产品质量的保证，也要有售后服务的保证，只有双管齐下才能牢牢锁住客户。

除了客户资源，大品牌的代理权也是企业能站稳脚跟的一张王牌。作为一家刚成立的小公司，要拿到大品牌的代理权实非易事，但郭瑞士并没有放弃这块"难啃的骨头"，而是巧妙地借用自己之前在其他公司实习时积攒的人脉，成功以更加优惠的价格拿下大品牌的代理权。

人脉资源、客户资源以及银行的良好信贷记录等对创业者来说都非常重要，如何将自己手里的资源进行有效整合是创业者要掌握的一门必修技能。

2. 好的企业要有好的团队，好的团队要靠好的管理

郭瑞士并不是独自创业，而是与一名同期毕业有相近经历的同学搭档创业。提到企业的竞争优势，郭瑞士说他的团队年轻化是其中重要一点。企业员工平均年龄25岁，都是精力比较旺盛的年轻人，有共同的奋斗目标，企业向心力强，在与客户谈生意的时候大家都能够投入更多的精力与时间。与此同时，郭瑞士也聘用了不少河北大学、河北农业大学等保定高校毕业生，这些人才资源使得他能够掌握的保定当地一手资料要比外来企业更多，与大公司相比也不分伯仲甚至更胜一筹。

创业初期相较于单打独斗，有合伙人更具优势，无论是风险的分摊还是idea的构建与实施都更胜一筹。而在企业创立之后，如何组建一

支有"战斗力"的团队则是管理者应当重点考虑的问题。结合企业项目需求，寻求专业人才，并合理安排岗位，人尽其才，对创业者来说非常重要。

突破发展瓶颈

——而立之年投身仪器行业

【人物名片】

创业英雄：霍刚

出生年月：1980 年 5 月

所学专业：信息管理与信息系统

毕业时间：2003 年 7 月

创业项目：北京中显恒业仪器仪表有限公司，提供专业、实用、高性价比的显微光学解决方案。

【前情提要】

霍刚在创业前，在显微镜行业有 7 年的工作经验，在而立之年决定挑战一下自己，放弃稳定的工作，去北京开一家光学仪器公司。2010 年年初，他借钱把北京中显恒业仪器仪表有限公司注册下来。当时条件十分艰

霍刚在清华课堂

苦，连住的地方都没有。经过不懈地努力，2010 年正式注册公司，开始创业，把目标设定为高校、科研院所、医疗机构等客户群体，后来逐渐延伸到宠物医院等细分客户。明确的目标客户，不服输，敢拼敢闯的精神和一支稳固成长的团队，成就了霍刚的创业梦想。

【创业故事】

1. 实现自身价值，突破发展瓶颈

霍刚在大学毕业后，拥有着稳定的工作，积累了 7 年之久的工作经验，却在而立之年决定突破个人发展瓶颈，不在工作生活了 4 年的河南继续发展下去，向更加广阔的舞台驰骋而行，挑战一下自己。"职业发展瓶颈""职业发展""职业规划"这类词语，已经跳出了 HR 的圈子，被越来越多的人所重视。霍刚认为北京的机会更多，市场更大，北京的公司更容易得到客户的认可。所以他在那时冒着未知的巨大风险，去北京开了一家

霍刚带团队考察河南森源集团

光学仪器公司。

正是凭借这一份韧劲，在 2010 年年初，霍刚仅依靠着借来的 3 万块钱，率先注册北京中显恒业仪器仪表有限公司。面对着职业发展的不确定性，霍刚或许也有过焦虑，如何规划个人职业发展路径，是他要面对的重要课题。想要突破这一瓶颈，"不抛弃，不放弃"的坚持精神是关键。当时的条件极其艰苦，在北京连个住的地方都没有，他们都是白天干活，晚上打地铺，可是若心向往之，必然义无反顾，或许就是有这种不服输、敢拼打的精神，才使得企业从草创时期逐步发展壮大。

2. 路途漫漫勇敢闯，核心团队在身旁

霍刚的核心团队是自己的家人，共同的利益与合理的利益分配是形成家族企业团队精神的第一驱动力。合伙人是自己的亲兄弟，财务方面由表妹管理，业务方面由表弟负责，这样紧密的团队具有很强的执行能力和开拓能力，而且有着血缘基础的凝聚力，可以"逢山开路，遇水架桥"，心无旁骛，团结创业。

虽然家族企业在生产经营中有很多的弊端，但是自己人组成的团队优

点就是比较稳定，共同的事业目标是形成家族企业团队精神的核心动力。对于草创时期的小微企业来说，用自己人确实是最稳定、最靠谱的，公司初期具有不稳定性，盈利不高，可能无法给员工开出心仪的薪水，无法吸引更优秀的人才。一个没有家庭情怀的公司或者只有赚钱欲望的家族企业只会处于投机与侥幸的状态中，它就好比一艘无舵的航船，随波逐流，难免会触礁。霍刚的团队这么多年也遇到过各种各样的问题，但公司的发展方向一直是正确的，脚步是稳健的，发展是可持续的。企业的方向既符合企业利益，又符合绝大多数员工的个人利益，产生了一股凝聚力，鼓舞员工斗志、协调队伍行为。遇事好沟通，制度人性化，有钱大家赚，正所谓"美美与共，天下大同"。对于领导者来说，要学会让利，财散人聚，既然同舟风雨，便要共济前行。

员工队伍的聚合力是家族企业发展团队精神的主要力量，未来霍刚打算提拔一批骨干做合伙人，各尽所能，朝着一个目标努力，发挥主观能动性、相互协作、优势互补、把蛋糕做大。

3. 精准客户巧定位，利用网络善营销

霍刚在 2010 年正式创立中显恒业仪器仪表有限公司，把目标设定为高校、科研院所、医疗机构等客户群体，后来逐渐延伸到宠物医院等细分客户。不同的客户，其需求是不同的，肯定会存在差异。但要想把产品卖出去，让客户愿意接受，就必须学会站在客户的角度去考虑他们的需求。只有你发现了客户的需求，并帮助客户，且能够满足客户需求，销售才会成功。霍刚的北京中显恒业仪器仪表有限公司，旨在提供专业、实用、高性价比的显微光学解决方案。目标客户一直很明确，公司定位准确，专注显微光学，不分散精力财力。

霍刚团队积极利用网络营销，创业阶段刚在北京注册好公司，就迅速建立了官方网站。在网站、百度贴吧、博客、微博等网络渠道上全力推广，增强影响力度，在网络上觅得商机。霍刚提出"互联网＋显微镜"这种新的营销方式，也得益于在河北大学信息管理专业 4 年学习养成的互

联网思维。这种营销方式打破地域和时空局限，迅速抓取了大量客户，再加上全国客户都认可的地理位置，创业半年时间的销售额就突破了 600 万元，第二年达到 1800 万元，迅速完成了原始积累。

4. 居安思危先绸缪，抓住机会抢先行

发展才是硬道理，一个人，一个企业，必须发展，特别是对于霍刚这种自主创业压力巨大的小微企业，先天不足，生存压力大，战战兢兢在夹缝中生存，随时面临着倒闭和死亡的危险。只有居安思危，随时有危机感，拼命发展，做强做大，不断寻求新的发展和突破才能在激烈的竞争中生存下来。

舒适的环境容易使人忘乎所以、丧失斗志。所以，霍刚认为即使现在的公司有良好的生存环境和发展空间，但要想持续发展下去，必须要有危机意识并做好危机预防。公司未来发展是不可预测的，要有一种危机意识，在心理及实际行为上都要有所准备，以便应付突如其来的变化。霍刚把公司当作自己的事业，把员工看成自己的亲人，具有强烈的责任感，给员工归属感。这或许不能把问题彻底消灭，但却可以把损失降低，为自己留得退路。

同时霍刚具备发现机会与抓住机会的能力，他认为他的事业能发展到今天得益于抓住了两次主要的机会，一次是将公司选址在北京，另一次是与国际知名显微镜厂家德国徕卡的合作。

5. 厚积薄发多积累，勇于拼搏终成功

霍刚认为对于在校大学生来说，首要的事是好好读书，积累专业知识，厚积而薄发。刚毕业时经验不足，视角局限，不能及时看到并处理事情的深层问题。如果在相关行业岗位有了一定的积累后，能更好地创业。

创业还要具备责任感。做企业，不仅仅是为自己。霍刚说，一是很多的新老客户都是朋友，需要他去帮他们解决问题，这就需要专业知识

和责任心；二是一起创业的兄弟姐妹都渐渐结婚生子，面临供养家庭的问题，只有把公司做好，才能令这些创业伙伴取得稳定收入，令他们获得安全感；三是对于合作伙伴和上游厂家而言，同样也需要公司的销量和订单来维持工厂的运转。只有担负起责任，才能使自己、伙伴和公司都蒸蒸日上。

【创业感悟】

1. 三分天注定，七分靠打拼，爱拼才会赢

霍刚的成功离不开他拼搏的精神。人生处处是战场，男儿当自强。在这个竞争激烈的年代，向来是"逆水行舟，不进则退"。男子汉大丈夫，宁战死疆场，马革裹尸，也不愿平平凡凡了却一生。创办一家企业的风险与难度也绝不亚于上阵作战，沙场点兵。商场如战场，人生要有新目标，事业要有新发展，这都要去拼搏。霍刚能在此情况下打拼出自己的一片天地，依靠的就是这永不服输的坚毅。

2. 把情怀装进胸膛，带着责任远航

霍刚陪着公司一路走来，对创业有着别样的看法。他认为创业是一条充满汗水与眼泪的路，需顾及方方面面的细节，提高整合资源的能力。更不得不说的是，创业之旅坎坷不断，需保持良好的心态方能获得成功。

创业成功后也不能忘记保持一颗善良和真诚的心。作为一名寒门学子，霍刚深知农村孩子读书生活的不易，在自己丰衣足食的情况下，他每年都会拿出部分资金捐给中国扶贫基金会的"爱心包裹"项目，尽自己最大的力量去帮助孩子们。这也正是霍刚不忘初心的真实写照。

【智慧点睛】

1. 整合身边资源，与家人共进退

霍刚创业的成功离不开身边家人的支持。企业中员工与企业是唇齿相依的关系，而公司的员工又是自己的家人。能够使员工把企业真正视为家，愿意与企业共进退，是因为霍刚十分善于整合自己身边的已有资源，并把这些资源借为己用。在众多家人里，霍刚能够给每个人平等和多样化的发展机会，挖掘每个人的优势所在，并给予其舞台来发挥。劳动保障制度和均衡的外部环境与企业的利润分配方式相结合，促使霍刚的公司一步步地走向成功。

2. 优质独特的团队建设，为公司保驾护航

一个团队成功与否与其团队建设和凝聚力密切相关。搞好团队建设才能提高凝聚力和竞争力，进而实现团队全面协调持续发展。在工作中，霍刚以身作则，做一个团队精神极强的楷模，而且在团队培训中加强团队精神的理念教育，最为重要的一点是，将团队建设的理念落实到团队工作的实践中去。在公司发展中，也曾有员工有离职的想法，霍刚通过进行不断的沟通，厚德载物，从善如流，最终令员工改变想法，继续留在团队中。

每个团队成员都需要被激励，领导人的激励工作做得好坏，直接影响到团队的士气，最终影响到团队的发展。霍刚在公司的发展过程中通过各种方法使团队成员的需要和愿望得到满足，以调动他们的积极性，充分发挥个人的能动性，从而确保既定目标的实现。霍刚相信，只要团队在，一切事情都好办。

3. 创新营销方式，先人一步，打开市场

说到互联网营销，现在已经很普遍了，但是在霍刚创业初期，互联网

营销发展才刚刚起步，事实证明霍刚能准确地把握先机，做一个时代的"先行者"。在河北大学信息管理专业 4 年的学习养成的互联网思维，使他能敏锐地抓住机会，当时"互联网 + 显微镜"这种新的营销方式打破地域和时空局限，迅速抓取了大量客户。营销方式的创新帮助他打开了市场，迅速完成了原始积累。

精致营销

——理科生打造首都高端房产交易平台

【人物名片】

创业英雄：马新宇

出生年月：1983 年 3 月

所学专业：物理

毕业时间：2006 年 6 月

创业项目：北京中联置家房地产经纪有限公司，主要从事别墅等高端房地产交易业务。

【前情提要】

马新宇大学毕业后到北京发展，先后从事金融证券、房地产等行业，积累了大量业务经验之后，与朋友共同创业，成立了北京中联置家房地产经纪有限公司，主要从事高端房地产交易业务。2016 年，在国家整体经

马新宇近照

济下行的情况下，马新宇的公司凭借着优秀的创业团队和合理的发展战略逆流而上，积累了大量高端客户，迅速发展成为拥有二百余名员工的企业。

【创业故事】

1. 初入社会，历经困苦

大学毕业后，马新宇和女朋友选择去北京发展。刚到北京时，他们身上仅有五六百块钱，只能租住在南三环的地下室里。随后，马新宇成为一家证券公司的销售专员，并在两年时间内晋升为部门经理，但由于公司经营不善、破产倒闭，马新宇在 2008 年下半年回到保定发展，与朋友合开了一家店铺。2009 年 12 月，马新宇重返北京，进入中原房地产公司继续从事销售行业，这段工作经历给予了他十分宝贵的行业经验，也为他将来公司的发展思路及战略布局提供了宝贵的借鉴意义。

马新宇工作团队

回到北京后，马新宇的思想逐渐转变，不只满足于维持生计，而是想真正干出一番事业。

2. 拥有团队，逐步发展

马新宇在中原房地产公司工作一年时间之后，积累了相关经验和客户资源，与几位同事一起辞职，成立团队，注册中联置家房地产经纪有限公司，开始创业。谈到团队组建问题时，马新宇说："首先大家目标要一致，在发展过程中不要太看重个人利益，如果太看重个人利益，不服从大目标，团队基本上都会出问题。很多人太强调个人的功劳和利益，团队内部就会出现分化，如果你的公司是想成为一个中型的或者更大的公司，对支撑平台的考验还是比较大的，并不是你业务能力强就可以了。"在团队组建之后，马新宇聘请专业机构，对公司结构进行合理架构，还成立独立的信访部门，方便公司内部的信息融通。由于入行较早、目标客户群明确，并且与许多业主客户群早就有合作，马新宇的公司很快就在激烈的市场竞争中站稳脚跟，并在业内保持着很高的美誉度和认可度。马新宇认为，在公司的发展过程中，确立明确的定位和战略至关重要，他说："我们公司的定位一直是高端市场。许多公司没有战略思想，这是他们不能做大的关键。这个领域还没有任何一家公司能引领市场，我们还是有机会做大做强的。"言语之间不难看出他对行业前景和自身公司发展空间的自信。

3. 宝剑锋从磨砺出

公司成立之后，规模迅速扩大，销售渠道也逐渐多元化。最初，马新宇主要依靠多年的人脉积累，有一些老客户和业主群体会主动介绍一些新的客户。后来，他们转而通过电商渠道，借助有实力的平台发布产品。"我们的目标就是可以做得大一点，我们可以在更高的层面上去从事其他的一些事情，基层的业务给一直跟着我们的那些人，去成就他们，让他们在现在的岗位去得到他们想要的东西。我们的股东、管理层还是懂得感恩的，我们在公司人性化方面应该做得还不错。"马新宇对公司的企业文化建设成果感到十分自豪。

从 2010 年到现在，2016 年是公司发展最快的时候，但是就总体经济形势而言，2016 年国家经济不是很景气，而公司在逆境中却取得了快速发展。马新宇认为，如果经济前景大好，公司就会面临吸纳人才、扩充市场等诸多方面的压力，在市场前景不甚乐观的情况下，公司反而能以更低的成本招揽优秀人才、购入地段好的商铺。于是，在这段时间内，马新宇的团队把握发展的大方向，同时积极地争取资本对接，进行市场预判，最终使得公司迎来飞速发展。

4. 登高望远，乘胜追击

在稳固已有业务之余，马新宇不忘拓宽新的渠道。他们成立独立的子公司拓展商品房业务，成立凯伦证券有限公司与其他证券公司对接，这些举措都已经取得良好效果。之前，马新宇曾去澳大利亚考察，发现海外的房地产市场比较火热，回国之后，他便争取客户所掌握的资源，并与上海移民局合作，成立一家公司从事相关行业，目前该项业务也在平稳有序

"中联置家"办公场所

发展。

谈及公司发展规模时，马新宇说："我们最初只是为了挣点小钱，前几年没有想发展太大，基本上维持在七八十人的规模，但是我们现在的规模比之前翻了几倍。现在这个行业应该是有 13 家公司，在一到两年能开到 30 家，达到这个规模后，同行会来和我们合作，我们之前和他们接触过，他们看中的还是我们的客户层次，我们掌握着高端客户群体，这个群体有很好的投资购买能力，掌握好这些资源，就可以做移民和海外项目。我们今年成立了信访部门，和大公司做的外联类似，今年发展还不错，业绩量挺大。2011 年，我们的年业绩量也就 300 多万元，现在是 3500 多万元。"

按照目前较为平稳的市场状况，如果保持现有的体量，再进行适当的人员精简，马新宇的公司已经能够维持丰厚的利润。但是马新宇打算将目前的盈利用于公司发展，搭建上千人的系统性平台，并从退出市场竞争的企业那里截留一些优秀的人才与团队，把中联置家打造成真正意义上的大公司。

【创业感悟】

1．踏踏实实，做好小事，积累经验

马新宇认为，把小事做好是至关重要的，很多人不把小事放在眼里，只想做大事，但是创业过程中没有所谓的大事情。把小的事情一点一点做到尽善尽美，积累一些经验，这样才会逐渐形成自己的理性认知。很多在校期间比较优秀的学生带着天然的优越感离开学校，但是可能并不会得到有潜力的公司的认可或者找到自己喜欢的事业，那么，学生就应该从自身找问题，寻找自己不被认可的原因，同时保证自己的优势不被劣势所掩盖。在经历这种沉淀之后，才能平和地面对困难，努力应对自己遇到的问题。

在校生还需要多和其他人交流，制定符合自身实际的职业规划，然后脚踏实地地去执行。有些人没有明确的目标，频繁更换职位、行业，这样很难获得沉淀和积累。

2．学好专业知识，培养基础素质

在大学期间，虽然兼职的经历能够帮助学生积累社会经验，但学生还是应该把学习作为主业，在学术领域有一定的建树。大学教育不仅是教授学生专业知识，更能向学生传输先进的理念，帮助学生形成正确的思维模式，培养学生"腹有诗书气自华"的气质，这能让学生更从容自信地与人交流、解决问题。没有接触过高等教育的创业者，可能在创业初期不会遇到什么问题，但是当他走上更高的职位，管理更多员工的时候，基础缺失的问题就会逐渐显露出来，驾驭团队时就会力不从心。

【智慧点睛】

1. 善于总结，发现自己

马新宇在大学时做了很多兼职，比如在街头发传单、在培训机构做家教等。兼职的经历让马新宇开阔了眼界，也让他对自己的认识愈加清晰，他在与人交往的过程中不断权衡与重新定位，最终摸索出最适合自己走的路。很多大学生都很迷茫，不知道自己毕业之后何去何从，这就需要多实践、多沟通，并且有一双善于发现自己的眼睛，从自己过往的经历中分析自己的长项和短板，知道自己适合做什么、可以做什么、怎么去做、做多长时间，对于结果能有一个初步的评估，看是否在自己承受范围之内。这样你的创业道路乃至人生道路才会更加顺畅。

2. 内心强大，踏实努力

有一句话叫作"越努力，越幸运"，这就是马新宇经历的真实写照。马新宇经历过很多的失败，但从没有放弃学习，一直在充实自己，提高自己的环境适应能力，来迎接未来可能降临的机遇。对于任何人来说，提升自我都是非常重要的，终日幻想不能解决任何问题，只有真正安下心来，切切实实地把一件事情做好、做到极致，不断巩固自己的核心竞争力，在机会来临时，才能抓住它。

3. 明确市场地位，细化客户群体

北京的房地产经纪行业很成熟，既有诸如中原地产、麦田地产、链家地产、我爱我家等寡头公司，也有一些小的地产经纪公司。在一个庞大的、成熟的市场中，想要占领一席之地，就需要有一个明确的市场定位。

马新宇成立的中联置家，定位于高端市场和高端客户，服务于上层人士的别墅交易。这一明确的市场定位与客户细分，成就了马新宇和他的中

联置家。客户细分使他们有效地抓住第一批天使客户，也有利于公司开展有针对性的市场营销。所以，中联置家成立之后，迅速抢占了顺义区的别墅交易市场，并形成一定的规模。

4.注重整合资源，善于把握商机

马新宇在创业的过程中，很注重资源的积累与整合。他利用自己在证券公司、地产公司工作时积累的人脉资源和市场经验，成立了自己的地产公司。同时，马新宇也洞悉北京市房地产行业强劲的发展势头，顺势而为，才成就了今天的事业。

矢志不渝

——断臂女孩开拓食品安全的"蓝海"

【人物名片】

创业英雄：朱丽丹

出生年月：1984 年 2 月

所学专业：工商管理

毕业时间：2008 年 6 月

创业项目：涉足建材、童装、食品等多领域，开创自主品牌"禾美合田"系列绿色食品，打造独有品牌，演绎非凡人生。

【前情提要】

朱丽丹是高碑店市新城镇朱庄人，从小活泼大方，性格开朗。2000年，16 岁的朱丽丹准备到保定美术中学就读，可一起车祸却彻底撞碎了她的艺术梦。在这突如其来的横祸中，朱丽丹失去了挚爱的父亲，亦失去了左臂。她曾经迷惘彷徨，可心中所藏的昂扬烈火终究支撑她一步步走向远方。大学毕业后，为求母亲安心，接手建材工作，而后进入童装行业，经营得风生水起。一个偶然的机会她关注到食品安全，以良心为引，转而进行"安全食品"创业，其产业不断发展，然心怀贫者，不忘初心，奉己献爱，成其功业，起舞云端，绚烂人生。

朱丽丹和她的草莓园

【创业故事】

1. 失其臂膀，砺其心志

正如古人所云："天将降大任于斯人也，必先苦其心志，劳其筋骨，饿其体肤，空乏其身，行拂乱其所为，所以动心忍性，增益其所不能。"或许正因如此，上苍总是在纯澈如歌的苍穹之下予你风沙四起。16岁的朱丽丹，活泼大方，在青春年少之时本想到美术中学就读，奔赴艺术之路，不承想到飞来横祸，一场车祸彻底改变了她的人生轨迹。在这次意外事故中，疼她爱她的父亲走了，自己也失去了左臂。醒来时不见一个亲人，独自面临截肢境况。

生活巨变，当年虽真的坠入谷底，这个唤作朱丽丹的花季少女却未曾低头，常人穿衣进食之事对她来说皆成挑战，一切似乎都要从头开始。休养半年出院后，妈妈为了让她方便一些，给她买来没有鞋带的鞋，她却把原来的鞋找回来！朱丽丹回忆说，找回生活的信心，就从系鞋带开始。她先摆好鞋带左端，再捏着右端，穿插绕过左端，手指灵巧地翻动，打好第一个结……经过无数次的练习，朱丽丹能轻松地用一只手系好鞋带。日常生活中，做好吃饭、穿衣这样的小事，她仅凭一只右手，用了比别人更多的时间、付出了比别人更多的汗水，但她都能做到从容应对。无论何时，不悲伤、不抱怨，积极应对，这便是朱丽丹。

她失去左臂，却在心底生出了最为坚硬有力的翅膀，携着一份昂扬之志拼搏前行，哪怕跋山涉水，哪怕风雨兼程。高碑店的"维纳斯女神"，活成了真正的女神，坚定无畏，不负乾坤。

2. 四载年华，明心见性

身体的残缺无法抵挡内心的富足圆满。"别人能做到的我也要做到，还要做得更好。"朱丽丹就是这样一个女孩，一切都要做到更好，即使失去臂膀。

大学的食堂里，一般人双手端着餐盘也得小心翼翼，而朱丽丹一只手端着盛满饭菜的餐盘，在人群里却穿梭自如。甚至在放下自己的餐盘后，她还热情地帮同学端来了一份汤。在读大学那几年，为了多挤出点时间学习，每天早上起床、叠被、洗脸、刷牙，再到达晨读操场，都能在十几分钟内完成。这样的熟能生巧，背后不知隐藏了多少辛酸苦楚。她在大学期间自食其力，从未要过家里的生活费，在兼顾学业和家庭上，她做到了近乎完美。不断的兼职，重复的光阴，却将这个女孩打磨雕琢得愈加美好，精致玲珑。

3. 道险且阻，上下求索成功之路

世界上没有轻而易举的成功。所有光鲜亮丽的背后都承载着不为人知的故事，就像所有破茧成蝶的背后都有着不可言喻的挣扎与煎熬。常人尚且如此，更何况失去左臂的朱丽丹！

父亲走了，母亲便成了朱丽丹的全部。血浓于水，这个年轻却坚毅的

女孩毫不犹豫地承担起照顾母亲的责任，于是她选择进入家里的建材店，帮忙打理，这样的安稳生活也让母亲放心。

作为一个文科专业的大学毕业生，朱丽丹确实对建材生意一窍不通，上百种装修材料，加之不同的价格、性能以及市场需求，这些就像一部部全新晦涩的书籍，以排山倒海之势翻涌而来。不懂得专业知识，不了解市场行情，所有的无知都不必畏惧。因为断臂的朱丽丹是高碑店的"维纳斯女神"，有着一往无前的勇气与

朱丽丹和她的有机产品"禾美合田"

智慧，只用了三个月时间，朱丽丹就由一个"门外汉"变成了行家里手。

上百种建筑装修材料，再算上不同规格、不同性能、不同价位、不同厂家的产品得有 2000 多款，朱丽丹一头扎进门市和库房，向老店员学习，到装修现场观摩，用心地付出，得到了满意的收获。然而，这个"行家里手"是不是过硬，得看市场的考验结果。2008 年，高碑店市尚品东方小区交房，朱丽丹每天 4 点起床，就来到尚品东方，拜访客户，推销产品，中午也不休息。这个独臂女孩成了这个小区的名人，凭借对装修材料的准确把握，和与客户的良好沟通，朱丽丹一个人拿下了这个小区 70% 的装修材料供应份额。她的一腔孤勇，为自己赢来了建材领域的春光明媚。

在建材生意中营销创新使得朱丽丹风生水起，可随着岁月的流逝，已为人妻为人母的她渐渐体会到了做建材生意的不便。此时，她又一次将目光投向了童装生意。母亲对此坚决不同意，并扬言："创业可以，但不能拿家里一分钱。"也就是说，这样彻底断了朱丽丹的资金链。可那又如何

呢？对于一个这样经历磨难却依旧可以浅淡以歌的女子，没有什么可以阻拦其前进的步伐。

聪颖如她，在当时采用了一种类似于融资的会员制度，借以储值，鼓励大家在自家店里存储消费。童装店开业那天是 4 月 2 日，还不是周六周日，只那一天就储值了 20 多万元，可以说收获颇丰。

朱丽丹家的会员制度不限时间，并且会定期地送礼物、礼品，例如 4 月 2 日的店庆日等重大节日都有礼品馈赠。现在有 3000 多个会员，让所有的会员都来，然后送出一份小礼品。每年都发，这样在一定程度上可以留住老顾客。当然，朱丽丹家的店越做越好，这并不单单是送几个小礼品那么简单。

充分为顾客考虑，使她的生意开展得如火如荼。继 2014 年 4 月份开了第一个童装店后，5 月、7 月又相继开了两家分店。当年这三家店营业额达到 1400 多万元，收益巨大，一时传为佳话。

朱丽丹创立的童装事业，初期也有着各种障碍，亲人不解、资金不足、经验欠缺等等。迎难而上似乎总是这个女孩的选择，或许连她的血液中都流淌着一股不服输的冲劲。

上苍总是厚待德善之人，对于这样一个坚韧的女子，自是不会过多为难。在凛冽之时总是有温情存在着，她遇到了一个好心阿姨，愿意无偿帮忙带那不足百日的宝宝，也是省去了一大笔开销。

朱丽丹所做的童装生意是通过品牌效应打开市场的，她在宣传方面下了不少功夫，通过微信等渠道将品牌进一步推广。如今她已有好几家店。

员工培训也是朱丽丹童装生意得以成功的一个重大缘由。她招收的都是"频率可以在一起的人"，换句话说，可能就是心在这上面的人。她待员工极好，放心大胆地交给他们去做。与此同时，朱丽丹特别重视加强员工精神文化方面的建设，每天早上晨起读《弟子规》。

这个姑娘，锐意开拓，乘风破浪，终是要航至自己的彼岸，去见证一处海阔天空，还有那无与伦比的粲然。

4. 良心作引，开拓绿色食品

许多故事就像是生命的际遇，总是在兜兜转转中不期而遇，惊艳了时光，温柔了岁月。要说朱丽丹涉足食品行业，恐怕真的是一个偶然。

朱丽丹的草莓基地

2014年12月，一个亲戚来家里串门，给送来一捆韭菜，还特别叮嘱，这是不打药的韭菜，留着自己吃。韭菜留下了，朱丽丹却陷入深深的思考。食品安全越来越受到人们的重视，如何让人们吃到放心食品？如果都像那位亲戚那样，给自己种一点不打药相对安全的食品，却把打药的不安全的食品卖给别人，那食品安全从何谈起呢？2014年圣诞节，同学从台湾寄来的糖果，给朱丽丹打开了思路：安全食品已经是众望所归，人类自身的健康将是永远的命题。

于是朱丽丹便借此机会投身市场，她最初购买了吉林出产的无公害玉米，这个名为"黄金八寸"的玉米一到货，就被抢购一空。随后，她与别人合作种植无公害番薯、草莓、黄瓜、西红柿，尝试了城市社群销售模式。

随后在2016年5月，朱丽丹又对自家产品做了一次转型。对于罐头食品的安全问题，她专门到安徽砀山考察罐头制作，拿包装来说，如果是玻璃瓶包装，为了防止黄桃罐头被光照变色，就得加入一种添加剂，为了避免添加剂损害健康，朱丽丹选择了价位相对较高的马口铁包装。为今后推出系列放心安全的食品，朱丽丹注册了"禾美合田"商标。但这次转型，代价高昂。砀山黄桃在下树前，就需要付一半定金，大约70万元，这样能保证用当年的黄桃制作罐头，保持黄桃脆嫩的口感。如果用价格较低的冷冻黄桃做罐头，虽然外表差不多，但口感却大相径庭。要做就做到最好，朱丽丹选择筹措资金，甚至把住房抵押贷款，背水一战。最终这批罐头被抢购一空。有机无公害果蔬食品的畅销，不仅是经济市场的必然走向，更是人类自身安全得以重视的一大体现。这样的产业，造福社会，受益自己，何乐不为？

禾美合田，是朱丽丹自己的品牌，它背后的辛酸我们无法理解，只能从朱丽丹爽朗的笑声中窥探一二。

5. 立足当下，心向远方

朱丽丹绝不是一个会止步不前的女子。在建材方面，她在取得些许成就之后，清醒地意识到，装修材料是装修行业的下游产业，而负责给客户装修的包工头有绝对的话语权，还要拿高额回扣。朱丽丹便决定挺进上游，直接和房屋业主沟通洽谈。其过程自是曲折，然而历经两年之久，这一新规矩最终得到了普遍认同。在童装方面，打造独有理念，积极进行团队文化建设，实施会员制度，为产业发展创造条件。在有机食品方面，城市社群销售模式，注册禾美合田，引进白色草莓，进一步将产业做好做大。这两年，京津冀协同发展的热潮风起云涌，朱丽丹深入市场，萌生了做配套服务的打算，在高碑店新发地开一个大型韩式汗蒸馆，作为服务商户、服务周边的一个新型项目。目前已经做了前期考察，近期准备开业。

朱丽丹与时俱进，在产品、服务、营销方面的创新，在高碑店成为一方美谈，而这位"断臂维纳斯"也活成了真正的"女神"。

朱丽丹在年少时遭遇了那样一场飞来祸事，沧海桑田，岁月流转，然而无论日月怎样更替，她都不会失去一个残疾人的记忆。朱丽丹深知，残疾人生活的艰辛不易。每销售一箱罐头，她会捐出一元钱，给社会上的爱心组织，至今为止，她已经捐出了 16658 元，默默资助了 5 位中小学生。

从最初的建材行业到食品、童装行业的转型，她本着让消费者放心的做事准则，食品只做有机产品，保证食品安全及质量，最终也打造了一个完美的品牌。

【创业感悟】

1. 坚定信念，山穷水尽人勿殇，柳暗花明恰逢春

"世界以痛吻我，我要报之以歌。"朱丽丹在最美的年华里失去左臂，即使穿衣进食成为一种挑战，纵然艺术之路变为泡沫，不必悲伤，不必彷徨，笑着走下去，坚强自信，总能到达属于自己的远方，活成自己的女神。"断臂维纳斯"，却有着动人心弦的美丽。

即使被所有人不看好，仍然抱定决心坚持做项目；即使资金链短缺，也要坚持做下去，用新颖的创意和想法，改变自身所处的困境；怀着自己最初的梦想，一步一步走出自己的创业之路。

2. 大胆创新，付诸实践

创业并没有那么难，只要有想法就要大胆去实践，只要勇于尝试便有无限可能。作为一个母亲，从想保证自己孩子的衣食安全，到自己做童装店；从偶然机会遇到的小番薯到生产有机食品，朱丽丹敢想敢做的性格为她的创业之路增添了异样的光彩。

3. 信任自身团队，加强文化建设

朱丽丹的三家童装店完全交给职员店长去管，百分百的信任相待，使得彼此之间相处得如同亲姐妹一般；在招聘员工时，注重"心在一个频率

上"；要求员工每天早起晨读《弟子规》，加强文化建设，弘扬中华传统美德；懂得尊重员工，反思自己，提高团队的向心力和凝聚力。

【智慧点睛】

1. 关注食品安全，挖掘用户价值，开拓发展"蓝海"

俗话说"民以食为天"，在我国经济快速发展的今天，食品安全问题不断曝光，食品安全已经成为民众关注的热点问题，果蔬农药残留、工业盐中毒、过量添加剂、僵尸肉、致癌物等让我们防不胜防，已经威胁到人们的生命健康问题。在食品安全如此堪忧的社会背景下，朱丽丹发现这个领域蕴含着巨大商机，绿色无添加食品正好迎合了消费者对物质生活质量的追求，满足了消费者对高品质食品的消费欲望。为了保证食品的质量和口感，她开创自己的品牌"禾美合田"，虽然经营成本大幅度提高，但凭着绿色有机无公害这一优势，"禾美合田"系列健康食品得到了广大消费者的青睐和喜爱，销量遥遥领先，朱丽丹终于在食品安全领域开拓出了自己的一片"蓝海"。

2. 创业精神支撑梦想的实现

朱丽丹身上透露着一股实干和不服输的精神，从建材城到童装店，开始接触食品行业时从小番薯到无公害玉米、水果罐头等，每一次机会来临时，她都是毫不犹豫地即刻攻下这片市场。在困难面前，她披荆斩棘，以阳光的心态去面对，敢想敢干、有魄力、能坚持，在她面前所有的困难都会"攻无不克，战无不胜"。"抛开烦恼，勇敢地大步向前，我就站在舞台中间"，这个"维纳斯"一般的女孩，用她对生活的热爱和善良感染着身边的人，她和她的团队形成了一道亮丽的风景线。

第四篇 "互联网+"创新类

互联网的飞速发展，催生了新的经济业态和产业形态，信息化、工业化的叠加机遇推动了大学生创新创业的浪潮，涌现出一批创业者。他们利用自身优势和"互联网+"资源，打破学科壁垒，将互联网与金融、艺术、酒店等传统行业相结合，大胆尝试创新，打造个性化和特色化项目，实现企业的差异化发展。他们充分发挥工匠精神，专注细节，从传统关注用户的增长转变为给用户提供深度服务，实现了从量的扩张到质的提升。创业者们借助"互联网+"的巨大推力，开启了传统行业发展的新篇章。

勇攀高峰

——国际舞台上的大学生创业曲

【人物名片】

创业英雄：席睿

出生年月：1989 年 10 月

所学专业：新闻学

毕业时间：2007 年 6 月

创业项目："渡鸦科技"致力于打造基于人工智能和新交互为基础的下一代操作系统。旗下产品包括受数百万用户喜爱的极简音乐播放器乐流 Music Flow、全球范围内首个上线的"IM+AI Chatbot"产品 Flow、模块化设计的智能家居中控硬件 Raven H-1 等。2017 年 2 月 16 日，百度宣布全资收购渡鸦科技有限责任公司。

【前情提要】

席睿，河北大学新闻传播学院新闻学专业 2007 届毕业生，毕业后进入香港中文大学进修硕士学位。在"大众创业、万众创新"的浪潮还未涌现的时候，席睿就看到了互联网行业的创新短板，并毅然组建团队，致力于最前沿、最高科技的互联网产品开发，随后成为其创业公司"渡鸦科技"的首席市场官。她在完成学业之后经历了最漆黑的创业寒冬，但却磨炼出了一颗始终好奇地看待世界的心，成为进入 YC W15 唯一的中国大陆创业团队中的一员。

席睿近照

【创业故事】

1. 起点，36Kr 的观察者

"渡鸦，是最聪明的动物，而且是叼起耶稣裹尸布的鸟，象征着新世纪的开启"。当有人问起"渡鸦科技（Raven tech）"是一家怎样的公司时，席睿这样介绍自己的创业项目："渡鸦科技是当下最酷的艺术类科技公司，对美和对世界的极致探索不断前行。我们探索的是下一个十年，人类会怎样跟这个世界进行交互。"

作为新闻专业出身的学生，大多数人的理想工作或许是与传媒相关的职位，或是在电视台、报社一展身手，或是做自己的媒体小天地。席睿本科就读于河北大学新闻传播学院，毕业后考取了香港中文大学新媒体专业硕士研究生。在创业的话题上，她说自己是"误打误撞"进入这个圈子的："原本以为是学习传播学的知识，但是香港中文大学这个项目却把当下（2011年—2012年）的新媒体定义为了互联网产品，所以误打误撞学习了 Product Development 和 Business 相关的课程。写代码、做设计、打造商业模型、财务、市场等等，可以理解成一门全方位的"创业课"。毕业要求的作业是完成一个模拟创业项目的 BP，做出产品 DEMO，并且对老师和投资人 Pitch。"学生时代的启蒙让席睿慢慢进入了互联网创业的浪潮中，而第一站就是 36Kr。

36Kr 是目前国内知名的互联网创业生态服务平台，为超过 5 万家创

"渡鸦科技"工作环境

业公司提供创业服务，"易到用车""春雨医生"以及"美图秀秀"都曾是
36Kr 的初创企业"明日之星"。而在 2012 年 36Kr 创业之初，席睿就成为
了早期的团队成员，与 36Kr 一起进入了互联网创业行业。她的工作就是
为名不见经传的创业 DEMO 提供面对投资人的机会，让"美图们"从策
划书走到台前。她对这个工作的解释是互联网创业的观察者，在两年的时
间里，这个初出茅庐的小姑娘就见证了上千家创业公司的起起伏伏，也为
她日后的创业道路打下了基础。

在 36Kr 社区中，有一个叫"插着翅膀的女孩"的用户，这个留着包
子头，穿着黑白线条毛衣的女孩就是席睿。在这里，她聊得最多的就是
"WISE TALK"，作为 36Kr 的成员，席睿和她的朋友们联合微软为当年的
优秀创业项目提供了对接投资者的平台，在这一天的 DEMO 演示中，其
中一个创业项目获得了真格基金的王强老师的关注，在投资人点评环节当
场拍板："这个项目真格基金投了！"

2. 与渡鸦在浪潮中起飞

聊到渡鸦，我们见到了一个有着颠覆互联网行业抱负的追梦者。从互
联网创业的观察者转变成参与者是从遇到渡鸦科技创始人吕骋开始的。在
2013 年的 TEDX 上，吕骋做了关于下一代操作系统雏形的主题演讲，从
上千家做 APP 的创业公司中遇到了一个想要探索下一个十年人类与世界
交互的创客，席睿果断从 36Kr 离开，加入了渡鸦团队，并通过在学校的
模拟创业经验和在 36Kr 的工作经验，成为了这家公司的 CMO（首席市
场官）。

大学生创业大多摆脱不了"小作坊"式的创业模式，或是受制于资
金，或是缺乏真正的创新精神。创业的初衷分为两种：一种是想成为成功
的商人，获得财富上的自由；另一种是想对某一领域或者行业进行颠覆和
创新。席睿属于后者，在学习了数年的传媒知识后走向创业，不是为了简
单获得财富，而是有一股想要颠覆互联网行业的雄心壮志，将一件事做到
最好，财富也会随之而来，不仅仅是物质财富，还有精神财富。探索下

一个十年人类和世界的交互方式，成了渡鸦科技在新世纪来临前叼起的希望。

从传媒学子到互联网产品观察者，再到梦想颠覆科技行业的逐梦人，席睿在渡鸦科技真正成为了一个创业者。与"小作坊"式的创业模式不同，渡鸦科技从一开始就定下了改变世界的目标："科技发展的趋势是每十年人机交互方式就会发生改变。以前的电脑没有鼠标，后来有了鼠标，再后来又有了 iPhone、Windows Phone、Android Phone 这样的多点触控屏幕。从苹果第一代产品到多点触控式交互，再到手势操作交互已经快十年的时间了。我们探索的是下一个十年，人类会怎样跟这个世界进行交互。"2014 年 5 月成立的渡鸦科技获得了来自经纬中国和真格基金的天使融资，而对于渡鸦和席睿来说，这只是一个开始。

3."我们正在让未来成为现实"

在 2014 年的夏季达沃斯论坛上，李克强总理提出"大众创业、万众创新"的口号，根本目的还是为了公民能更好地实现精神追求和自身价值。巧合的是，2014 年也正是渡鸦科技真正腾飞的时候。

这家在 2014 年成立的公司，2015 年进入全世界最优秀的创业孵化

席睿在 YC 的 pitch 现场

器，并成为 YC W15 中唯一的中国大陆创业团队；2016 年发布"一呼百应"的智能家居控制中心 Raven h-1，荣获 Frost&Sullivan 中国区人工智能市场卓越创新奖；就在前不久，百度家居收购了渡鸦科技，让这家公司再一次站在了舆论的风口浪尖，多数新闻报道都以"智能家居""突破点""未来"等词语来形容这一收购。从一开始就立下了改变未来目标的席睿和她的团队现在真的站在了未来的路口，她用《孟子》中的一段话这样形容互联网创业的道路："天将降大任于斯人也，必先苦其心志，劳其筋骨，饿其体肤，空乏其身，行拂乱其所为。所以动心忍性，增益其所不能。"

在渡鸦科技拿到硅谷 YC 孵化器面试邀请的时候，席睿写下了这段话："这让在北京处理乐流上线数万用户一股脑涌进来的忙碌间隙有了一丝欣慰，但也就是晚饭由麦当劳的外卖升级成了'双飞鸭'而已。"在创业的道路上没有胜利，即使是进入了全球最优秀的创业孵化器，"渡鸦"们也还是平淡地继续着自己的工作。

在这次采访中，席睿没有和我们讲起太多创业路上的艰难，更多的是告诉我们："对于大学生创业来说，重要的不只是有对未来的雄心壮志，最大的挑战是能否突破和坚持。"突破自己，不让自己成为团队的瓶颈，保持学习的习惯；突破思想，不要故步自封；坚持初心，不被创业道路上的诱惑改变方向；坚持创新，创新是科技最重要的生产力。

对于还在学校创业的大学生们来说，天使轮投资、真格基金、Y Combinator 孵化器几乎都是遥不可及的，席睿的一句"我们正在让未来变成现实"却打动了无数投资人，依靠的不只是追梦的雄心壮志，还有在大学时脚踏实地的积累、工作时突破常人的思想、每一次小的成功之后不忘初心的坚持。很多创业的大学生在捞到第一桶金后就故步自封，想先要一亩三分地，再开疆拓土，殊不知在创业的道路上永远都是如逆水行舟。

【创业感悟】

1. 把握青春，选择适合自己的道路

松下幸之助曾在《青春》一文中写下这样一段话："人生匆匆，青春不是易逝的一段。青春应是一种永恒的心态。"当青春与创业结合的时候，往往会迸发出色彩斑斓的故事。创业应当是为青春擦亮那一抹亮色的，在经历了匆匆的忙碌之后，在黑夜即将结束的时候迎接黎明的曙光，那一刹那才是青春的绽放。而如今，众多大学生盲目选择创新创业，缺乏"席睿们"的眼界与学识，又苦于自己眼高手低，创业竟成了青春的拖累。

2. 保持对世界的好奇心

在大学生创新创业大潮席卷而来的当下，席睿告诉我们：创业不是一个必选项。回到开头讲过的话，单纯为了赚取财富的创业和为了追求颠覆的创业是不同的，虽然都会痛苦，都会迎来彩虹，但却是两种截然不同的生活方式。人生在于探索，保持对这个世界的好奇心，选择自己喜欢的生活方式才能让自己获得快乐。

创业不是一个必选项，它只是许多生活方式中的一种。如果创业能让你实现你的梦想，那么你最需要做的就是行动，行动，行动。如果你还没有想好，只是对创业比较感兴趣，那先进入大公司，或者通过 B 轮投资后的创业公司进行学习，然后再决定自己的创业计划才是最佳方案。

2017 年是席睿走出河北大学的第十年，从初入创业大潮的小试牛刀，到现在公司正式进入百度的完美蜕变，席睿在互联网创新创业的道路上已经走出了最困难的黑夜。在渡鸦科技的官方网站上，各式各样的智能产品，随处可见的小创意，无处不在点缀着席睿的创业青春。

【智慧点睛】

1. 有心改变未来才能够把握机会

从新闻学专业毕业，进入香港中文大学进修硕士学位的席睿在偶然的情况下才接触到互联网科技创业。但学习能力出色、具有数年学习媒体知识的学习经历以及拥有两年观察者经验的她，不只是简单地想要从创业中获得财富，而是抱着"对某一领域或者行业进行颠覆和创新"的雄心壮志加入了渡鸦科技的队伍。在这个平台上，颠覆互联网行业、探索下一个十年人类和世界的交互方式，是每个渡鸦人都在努力的方向。乔布斯说过："活着就是为了改变世界，难道还有其他原因吗？"席睿正是怀着改变世界的想法脚踏实地地做好每件事，不断积累，不断前进。

2. 创新才能够让未来成为现实

从传统的鼠标键盘到多点触控屏幕，从手势操作交互到智能语音助手，在过去十年中，人机交互系统迅猛发展。而渡鸦的探索目标是下一个十年，人类会怎样跟这个世界进行交互。渡鸦主要的产品是智能家居中控硬件，以智能家居为入口布局下一代的人机智能语音交互平台，是不少大公司布局 C 端人工智能的思路。国外亚马逊 Echo 的成功更是让巨头们纷纷看重软硬件一体化的方向。渡鸦的创新方向与重押人工智能的百度不谋而合，在考虑类似产品化的变现模式后，百度宣布全资收购渡鸦科技有限责任公司，创始人吕骋携团队正式加盟百度。在人工智能发展迅猛的今天，席睿及渡鸦团队搭乘百度这个顺风车陆续推出了 RavenH-1 和 H-bas 等智能家居产品，受到了广泛的关注。只有创新才能够激发起人们对于未来的憧憬，创新是推动创业必不可少的动力。

3. 拥有一定的创业经验是通往成功的捷径

首先，席睿在香港中文大学时做的项目是学校的新媒体互联网项目，在这期间她学习了 Product Development 和 Business 相关的课程，并且对写代码、做设计、打造商业模型、财务、市场等必做的功课有了一定的了解。通过完成模拟创业项目的毕业设计，席睿对互联网下的创业模式有了初步的了解。进入 36Kr 后，她工作的重心就是为创业人与投资人"搭桥牵线"，让创业人从策划书走到台前。在两年的时间里，这个初出茅庐的小姑娘见证了上千家创业公司的起起伏伏，极大地开阔了眼界并积累了极为丰富的面对挫折、攻坚克难的经验，为她日后的创业成功打下了基础，避免了诸多弯路。

在创业路上，席睿是一名梦想家，希望她能越走越好！

耕耘梦想

——IT 男逐梦创业之旅

【人物名片】

创业英雄：李朔

出生年月：1996 年 1 月

所学专业：生物技术

毕业时间：2017 年 6 月

创业项目：河北亚微网络科技有限公司，为提高移动端普及度，为商家销售提供移动端平台。

【前情提要】

这是一个独自创业、追寻梦想的故事。李朔是一名理科类大四学生，就读于河北大学生命科学学院。在大一时，他就在网络平台上零零散散地卖一些东西，身为一名刚刚步入大学的学生，李朔灵敏地感觉到互联网行业可创新发展的趋势。大二时，他就和合作伙伴一起筹划从事微信移动端的项目，并找到了点点客。

如今已经大四的李朔，在国家鼓励且重视互联网移动端发展的大潮流下，为了让商家慢慢把商业中心转移到移动端，同十多位优秀伙伴在保定创办了河北亚微网络科技有限公司，走上了他的逐梦创业之路。目前，公司已经初步打开市场，正在往更大的舞台前行。

李朔近照

【创业故事】

1. 用坚持与真诚迈出创业第一步

众所周知，只要肯坚持，铁杵也能磨成针。在采访中，李朔提到："最开始的时候环境比较艰苦，所有努力和坚持都是为了获得商户的支持，做出业绩，现在回想起来万分感谢的还是团队的坚持不放弃以及最开始跟我们合作的商户，是他们给了我信任和发展的机会。"

坚持十分重要，眼光同样必不可少，选择一个正确的合作客户可以让自己少走很多弯路。有时候运气也很神奇，莫名地就会遇到很多优质的客户。究其根本还是因为用真诚对待合作的商户，对于给予你信任的商户，要心怀诚挚与感激，每一个好的客户都可能是扩展平台的契机。

李朔的工作团队

2. 严格的管理制度奠定创业基础

李朔不只在对待商户上有自己的方式，在管理上也有自己的一套方案。他通过"钉钉"来管理企业。访谈中他曾提到："管理是一步步'盯'出来的，个人技能是练出来的，解决办法是想出来的，深层潜力是逼出来的，不给员工压力，员工就会平庸。"

的确如此，努力就会积极行动，不努力就会满足于现状。没有执行力，就没有竞争力，敢于担责任，才能担重任。最简单的方法才是最有效的。对于这种管理方式，效果还是很好的，员工们都积极响应，大家齐心协力。刚刚度过的创业初期，公司各方面根基已经打得很稳。

3. 优秀的企业文化引领前进方向

企业文化就像一种意识形态，可以看成一种标识，既抽象又形象，不是具体的东西，却能够将自己的企业与其他企业明显区别开来。

企业文化是一个企业的创始人或者董事长赋予这个公司的一种特有标

志。就像阿里如果没有马云就会让你感觉不同，就会感觉缺少了什么，以至于给人一种不完整的感觉。这就是精神领袖，精神领袖在很大程度上会影响企业文化建设。例如比尔·盖茨，他在员工心中的形象是不可磨灭的，时时刻刻影响着广大的员工们。

当员工的个性与企业文化氛围相悖的时候，也会慢慢地被公司优秀的企业文化氛围潜移默化地感染，从而深深地融入这种氛围当中。一个具有浓厚企业文化的企业会有更加强大的凝聚力。凝聚力对于一个企业至关重要。因此，企业文化虽无形，却是每个公司必不可少的一环。

4. 宏伟蓝图展现年轻创业梦想

谈到对公司未来的构想，李朔也直言："我们公司的优势在于更新速度，我们现在没有技术人员，技术方面全是依靠点点客的，点点客现在处于此行业领头羊的位置，优势还是很明显的。我们当下还是要一步一步来，要垂直去做，往深度挖掘。客观地讲，现在的创业公司一般最好的结果是被收购，真正做成巨头太难了。但是我们还是要抓住新兴行业契机，力争成为新兴行业的巨头。"一个人认准了一个行业，那么他大概需要三年才能彻底了解这个行业。期待这个行业能正式发展成一个全新的大市场，这样新兴的企业在激烈的竞争中才有机会占一席之地。

网络移动端在人们的生活中扮演着一个至关重要的角色。我们未来的生活就会是：晚上带着家人去吃饭，拿出手机点击附近餐厅。先看好餐厅介绍。一番对比之后，再挑一家评价好的、好吃又实惠的餐厅，在手机上领取一张会员卡，定好座位。等时间到了，点击导航，直接去吃饭，可以省去排队等待的时间。吃饭的时候，遇到哪个好吃的就拍个照，发到微博或者朋友圈，晒一晒美食照，与朋友们共享。如果以后朋友来这里吃饭，凭借着你的动态分享，可以享受优惠，商家可以给你返利，既能吃到很多美食，分享又可以赚一些小钱，生活真的会很惬意。茶余饭后，可去商场购物，看到自己喜欢的产品，扫一下产品二维码，在手机上对比一下同款价格，放入网络购物车。逛完商场，在手机上点击送货时间和送货地址，直接付款，不用拎东西，也不用排队，然后去看电影，因为电影票在吃饭的时候也已经用手机买好了。

这种建立在移动端上的快速便捷的生活，正在逐步变为现实！

【创业感悟】

1.好友相伴，寻梦之旅

李朔提到对朋友想说的话："莫道坎坷，莫畏人言，我愿与你同甘苦，共患难，在发展我们共同的事业中追寻美好的明天！你不容岁月空旷流逝，我不容生命随波逐流。让我们携手共勉，在生活的大海上，为征服逆浪而顽强战斗。"虽然人生有聚有散，但心中友情永不变，一起的日子终难忘。李朔用真诚交友，心怀感恩，以心交心，让他在创业的道路上获得了一批患难与共的伙伴，一路上互相扶持、共渡难关，他们成为李朔走向成功的强大助力。

2.思想指路，坚持作舟

树立全新的人才观，重视创业素质的自我培养，成功的创业者要同时具备核心特质和辅助特质，要有创业理念、有才干、有胆识、有眼光，同时有坚忍不拔的意志，克服创业过程中的困难，注重培养自己的能力，锤炼自己的胆魄，同时培养自己的创业人格、创业思维和创业意识技能。

李朔着重在思想上和精神上磨炼自己，树立自信、自强、自主、自立意识。自信就是对自己充满信心，相信自己有能力。自强就是赋予人主动积极的人生态度和进取精神，相信自己能够成为创业的成功者，成为时代的弄潮儿。自主就是具有独立的人格，具有独立性思维能力，不被传统和世俗偏见所束缚，不受舆论和环境的影响，能走出属于自己的追梦道路，善于设计和规划自己的未来。自立就是凭借自己的头脑和双手，凭借自己的智慧和才能，凭借自己的努力和坚持，抓住自己的梦想，创造属于自己的未来。相信自己的未来定会一片光明。

3. 取其精华，完善自我

在创业路上，李朔获取了大量创业经验。在创业创新的潮流下，河北大学都开设了创业指导课，教授创业管理知识、创业心理等内容，帮助在校期间的李朔打下了坚实的创业基础。大学图书馆也提供创业指导方面的书籍，使学生通过阅读增加对创业市场的认识。李朔不断地学习，完善自我，也曾独自到上海学习锻炼，跟多么"油"的人都过过招。他将理论与实践相结合，将书本上的精华运用到实践之中，以保障其能在未来的创业过程中有备无患。

4. 综合培养，争当先锋

在平时生活中，李朔也注重自身能力的综合培养。他提到："要学会认知，学会做事，学会生存创业，综合发展自身素质。"一个人决心去创业，就既要懂经营，又要善管理；既要能协调处理各方面的关系，又要当机立断，临危不乱；既要能言善辩，又要能谈判公关；既要能开拓创新，又要不怕挫折。

因此，创业能力是一种综合能力，其中要有管理能力、组织协调能力、创造能力、经营能力、语言表达能力、判断能力、应变能力、分析问题和解决问题的能力。要学会把握机遇迎接挑战，点亮走向成功之路的盏盏街灯。

【智慧点睛】

1. 把握在校机会，做到知行合一

理论是行动的先行官，有理论指导的创业才是科学严谨的创业，能避

免一些盲目的错误，走在同行者的前方，会增大创业成功的概率。李朔充分利用大学提供的良好学习机会，为自己的创业思路增添良策。俗话说：读万卷书，行万里路。除了知识的储备，实践同样必不可少。大学提供实践的机会弥足珍贵，社会实践活动、社团活动以及创业大赛等都是锻炼大学生、积累创业经验的好平台。李朔抓住了在校锻炼的机会，通过理论与实践的结合，做到了知行合一，更好地完善了自己。

2.创业贵在坚持，实践磨砺自我

"有志者，事竟成"。李朔回忆说："一个人在上海培训，举目望去全是资历老的前辈，学到的东西将决定你的待遇。当时的日子真的举步维艰，心里承受的压力也很大，但是咬咬牙，也坚持下来了。"他在实践中打磨自己，多少艰难险阻也努力克服，机会都是给有准备的人的，前期的准备没有辜负他，最终李朔找到了一套适合自己的方式方法，并且一步一步将理论结合于实践之中，最终走出了一条属于自己的创业道路。

3.寻找优质客户，注重精诚合作

选对合作商户非常关键。李朔提到："在最开始，一个给予我们信任的客户真的给了我们巨大的信心，那时获得的信任就支撑着艰难的我们一步一步走下去。有些欺骗了我们的客户，我们也很感谢他们，因为有了这种历练，我们的团队才越来越强大。"

对于客户，要有自己的鉴别能力，自己有了经验也就有了判断能力，才能少走弯路少吃瘪。不过，每种相遇都是缘分，都要心怀善意，善良的人会好运常伴。合作过程中，对于合作的商户，尤其是给予你信任的商户，要真诚对待，每个商户都可能为创业者带来前所未有的机遇。因此，一定要用心待人，才会收获别人的真心。做生意也是一样，其实优质客户出于己心，互相给予信任，每个商户都会是优质商户。如此两者之间才会拥有愉快的合作。最后，李朔给同学们留下寄语："把握机遇，勇敢迎接前方挑战！每个人都能走出自己的创业之路。即刻开始，耕耘梦想，总有一天会果实累累。只要你想开始，什么时候都是正当时！"

　　李朔的创业经历带给我们诸多感悟，希望有创业想法的同学从他的故事中得到鼓舞，获得启发。同时，在创业路上，李朔是一位先行者，祝愿李朔的公司能够顺利发展，越办越好！

英雄梦想

——酒店行业中的艺术奇葩

【人物名片】

创业英雄：何岩

出生年月：1987 年 10 月

所学专业：艺术设计

毕业时间：2011 年 6 月

创业项目：来电科技有限公司，致力于打造中国第一家以电影为主题的艺术跨界酒店——来电电影艺术酒店。

【前情提要】

何岩，2011 年毕业于河北大学艺术学院艺术设计系。他是一名优秀的设计师，其作品曾获台湾时报金犊奖金奖、One Show 中国青年广告节最佳创意奖。何岩痴迷 DC 漫画，黑暗骑士——"蝙蝠侠"是他的英雄信

何岩近照

仰。2015 年，他辞去国际 4A 广告公司的高薪职位，在河北保定创办国内第一家电影主题的跨界酒店，开创"电影 + 酒店 = 社区"的社群经济新风尚。2015 年 10 月，何岩受邀参加 CCTV 发现之旅《华商论见》栏目，对话水均益。如今的"来电"，占地面积 4800 平方米，入住率高达 95%，建有院线影院、主题客房、第三社交空间、电影博物馆，是一个创意文化综合体。"来电"在保定的大获成功为何岩的连锁计划奠定了基础，如今，北京店业已投入建设。

每个普通人都能实现自己的英雄梦想，是何岩创办"来电"的初衷。而今天的何岩却完成了从英雄情怀的"蝙蝠侠"到脚踏实地的"阿甘"的蜕变，正如水均益对这位"85 后"创业者的评价："创业不是诗情画意，我在你们身上看到了中国合伙人的力量。"

【创业故事】

1. 积累 4 年工作经验，有"预谋"地背水一战

2011 年，大学毕业的何岩像多数艺术设计专业的学生一样，来到北京，成为一名"北漂"。他专业基础扎实，勤奋好学，曾在三星电子广告部和被业界称为"广告殿堂"的智威汤逊工作。尤其是在国际 4A 广告公司工作的 4 年间，何岩积累了丰富的广告和艺术设计经验。

变形金刚主题房

"'来电'最初的创意灵感来源于我的大学生活，是风骨；毕业后的 4 年工作经历，则为这个灵感塑造了血肉。"在忆及自己的创业经历时，何岩如是说。出身于艺术设计的他在出差之余，格外留心下榻酒店的功能设置和艺术风格，他发现无论经济型酒店还是星级酒店，都存在功能单一、收费标准僵化、服务方式大众化的问题，不能满足个性化的消费需求。而2011 年至 2015 年，中国的商业环境在互联网的冲击下发生了极大的变化。以迅速发展的城市商业综合体为例，零售百货业的占比逐渐缩小，餐饮休闲等生活类商业成为新的增长点，消费者既体验产品，也体验购物环境。

这让何岩意识到，传统的商业模式正在解构，"个性化、主题化、体验式"也许会带来酒店行业的新一轮的革命。"躺在床上看电影"这一最初的想法升级为打造一个以电影为主题，集派对、社交、餐饮、电影艺术交流、私人影院、住宿为一体的社区。

"不把自己逼到没有退路，就不可能成功。"2015 年，何岩不顾家人的反对，毅然辞职。此时的他，心怀梦想，踌躇满志，却对酒店行业和融资一无所知。他戏称自己的辞职为"裸辞"。

2. 借助互联网巧妙造势，完善细节追求卓越

有了"来电"的创意，下一步就是如何将它"变现"了。何岩可以算得上是一个地道的"穷小子"，4 年积蓄用来启动这个项目更是杯水车薪。于是，他开始走上了"找钱"的道路。

来电电影艺术酒店外观

起初，何岩带着他的创业构想去了 3 个城市，见了 27 个投资人，每个人不止谈了一遍，却没有拿到任何投资。"找钱"路上的荆棘遍布，令何岩痛定思痛，他反思并总结了造成这种困境的原因。对酒店行业知之甚少、商业模式没有数据支撑、BP 不接地气缺乏实操性、消费群体定位不清晰等问题，成为投资人紧盯不放的短板。认真思考之后，何岩

将"来电"的目标人群定位在追求新的生活方式、热爱电影和漫画、具有社交需求的 20 岁至 35 岁之间的消费群体。在广告行业摸爬滚打 4 年的何岩，敏锐地察觉到互联网时代下信息传播的重要性和粉丝效应对社群经济的拉动作用。他要用电影作为纽带建立基于粉丝的社群经营模式。于是，何岩重返校园，集结了一批热爱电影的新闻、艺术、管理、经济专业的大学生组建运营团队，在 3 个 CBD 和 5 所大学策划了"露天床上电影院"活动，在古城保定引爆了一场电影盛宴，赚足了眼球，"来电"这个尚未成型的酒店虽然身未动，但声势大振，积累了第一批粉丝。这期间，何岩借助线上、线下的各式活动对项目的可行性做了详尽调研，对细节追求极致的他不断完善酒店的设计，形成了最终的"来电电影艺术酒店"设计方案。

3. 发起众筹成功融资，寻找最合适的合伙人

粉丝、数据和一份优质的商业计划书，是何岩成功融资的敲门砖。2015 年 9 月，何岩在保定举办了众筹发布会，把定位清晰、调研翔实、措施可行、前景乐观的商业计划展现给酒店行业的企业家和专业投资人。第一轮融资通过众筹的方式成功融得 500 万元，出资人中不乏当初拒绝他的投资人。"他们说我像'阿甘'，因为有着一股子倔劲儿。可能也正是这种执着和坚韧，感动了投资者，让他们觉得，我这个人能相信。"这个看起来有些内向的"85 后"大男孩儿如是说。"来电"通过两轮融资共获得了 2500 万元的投资，这让何岩创业梦想的"变现"成为可能。

在"找钱"的道路上，何岩还找到了"靠谱"的合伙人。他的合伙人从具有丰富管理经验的酒店行业资深从业者到深耕文化创意产业的专业教授，再到影视行业大咖，涉及酒店、影视、设计、媒体、金融、地产、装饰装修等多个行业，聚合了产业、技术、资金等多种资源。在内容、供应链和营销等领域的借力势必会为"来电"铸造更高的壁垒。

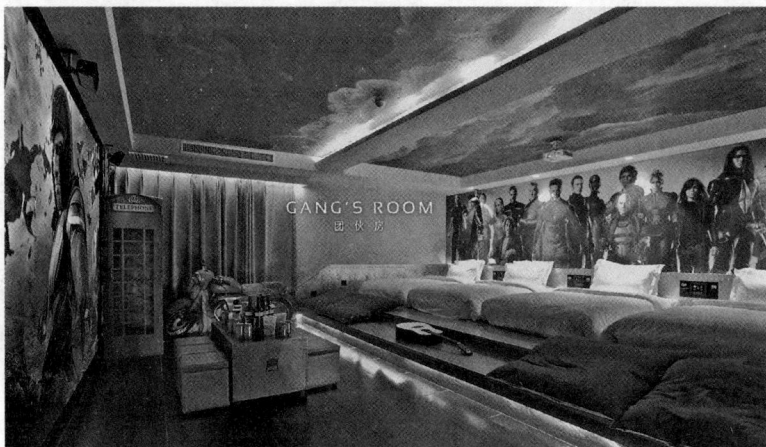

兼具影、视、歌三种功能的"团伙房"

4. 建设电影生态社区，倡导全新生活方式

"来电"走在了社群经济的风口上，它的宗旨是建立一个以电影为内核驱动的"生态社区"。十余个近乎真人大小的玛丽莲·梦露的飞裙雕塑，散布在来电电影艺术酒店内外；走廊里铺满了印制着黑白胶片卷轴的地毯，两侧摆满了电影里的老物件儿和电影道具；如果不经意地推开房门，或是恰如爱丽丝掉进了兔子洞，或是看到变形金刚中的大黄蜂正威风凛凛地爬在房间正中，又或是置身于一个星际空间；这里有院线影院，也有个性化私人影院；有主题房间也有兼具影、视、歌三种功能的"团伙房"。"来电"是一个电影博物馆，是一个社交空间，但更像是一个片场，每个入住的消费者都能在这里找到自己的英雄梦想。

"传统意义上的酒店，至多只是提供一张舒适的床，让漂泊在外的旅客有个过夜的地方。'来电'提供的是一种生活理念。它让电影融入你的生活。"何岩如此解释。第一家"来电"取得成功之后，同样模式的"来电 2 号""来电 3 号"等加盟和直营店将在全国范围内生根落地。2017 年，"来电"北京店已投入建设，店址选定在潮人荟萃的三里屯。

【创业感悟】

创业不是风花雪月，需要坚持不懈的精神。"蝙蝠侠"是何岩的英雄梦想，也可以说是他创业的精神动力，但在创业的过程中，他把自己活成了"阿甘"。把"来电"从一个 1.0 的想法变成今天 4.0 的连锁酒店，依靠的是扎实的专业基础，是创业团队的协作，更是脚踏实地的精耕细作。

1. 专业学习和工作经验是基础

"没有放弃专业，这是我最骄傲的地方。"何岩说。"来电"是他设计师生涯中的一件作品。正是艺术设计的专业知识才使得"来电"如此不同。在广告公司工作的 4 年间，何岩接触了很多专业的酒店设计师和影视从业者，积累了人脉和资源。他考察了很多经济型连锁酒店和星级酒店，做一家与众不同的社交型酒店的概念在这期间得以丰满。

2. 失败的经历是试金石

在最初融资的时候，进展并没有何岩想象得顺利，当他辗转于 3 个城市却被投资人一次又一次拒绝时，他意识到创业不是喊口号，而是真刀真枪地干。于是他调整思路，把更多的时间用在用户调研和产品改善上。最困难的时候，他遇到了母校的一位师兄——一家经济型连锁酒店的创始人贾超。贾超被何岩的"阿甘"精神打动，成为他的第一位合伙人。困难和失败让何岩的抗打击能力变强了，他说："挫折是每一个真正的创业者都会经历的，只有经历了才知道创业不是风花雪月，需要坚持和脚踏实地。"

3. 对细节追求卓越才能提升用户体验

酒店开工前，何岩在很多宣传地摆放大床、悬挂屏幕，邀请体验者躺在床上看电影，并向他们征集梦想中的电影酒店所具备的元素。根据用户反馈,艺术设计专业出身的他不断改进对酒店的设计。为了最大程度减轻低音炮在播放时对墙面和地面造成的共振,何岩和他的工程师创造性地把音响设备悬挂在天花板上,这样既保证了音响效果,同时又确保了其他住店客人的舒适度。他们开发了一键智能电影模式,当用户点击时,窗帘自动合上,灯光自动调节到最适合的观影亮度。何岩不放过任何一个细节,无论是床品还是观影搭配的零食,都根据大量用户的体验反馈精心挑选。

【智慧点睛】

1. 借助互联网思维,抓住时间战场的商机

运用互联网思维,对市场、用户、产品、企业价值链乃至对整个商业生态进行重新审视,使得"来电"具有了不同于传统酒店的创新基因:站在了社群经济的风口上,抓住了时间战场上的商机。

2016年,有两部网络大电影在"来电"拍摄。"来电"巧妙地借用电影这个主题,建立了一个有共同标签、属性、兴趣、价值观的人群的聚合,即社群。电影沙龙、同学聚会、时尚party的社交功能更是颠覆了传统酒店以住宿、餐饮为赢利点的商业模式。"来电"的社交功能和个性化的消费体验有效增强了用户黏性,将粉丝变成体验者和消费者,体验者和消费者又转化为粉丝和口碑传播者。从雷军的"小米"到罗振宇的"逻辑思维",基于粉丝效应的社群经营开创了一个互联网背景下的新的商业时代。而任何一种商业行为,用户向商家支付的不仅仅是金钱,还要支付时间。互联网背景下的新兴产业,本质上都是要获取消费者生命中的一段时间。以"淘宝网"为例,淘宝直播、我要日报、淘部落等模块的设置增加了用户的停留时间,从而引导消费方向,培养消费习惯,而不再是简单的交易平台。"来电"的社交和娱乐属性同样让它更多地占用了用户时间,这无疑增加了它的竞争力。

2. 深挖用户价值，满足消费者个性化需求

保定酒店行业中不乏价位在 100—300 元的经济型酒店，也不缺量化服务标准的星级酒店，而"来电"则在夹缝中另辟蹊径。它基于为电影"发烧友"和年轻化的流动人群打造多功能生态社交圈的价值主张，解决了三线城市娱乐设施匮乏、传统酒店的大众化服务不能满足年轻消费群体个性化需求的问题。"来电"更像是一个片场，为用户量身打造住宿、观影、社交环境，甚至配备了"蝙蝠侠""神奇女侠"等漫画、电影英雄接送用户的私人订制服务。

2014 年，冯小刚导演的一部贺岁大片票房高达 7.19 亿元，这部电影叫作《私人订制》。电影故事情节很简单，讲了一个创业团队为消费者量身打造圆梦之旅的"创业故事"，"私人订制"成为一种个性化消费心理需求和差异化的标签形式。马云在谈创业时曾说："有人说超市不好卖，都是因为淘宝。但你没明白，没有淘宝也会不好卖——因为消费者需求愈来愈个性化，而这就是社会的发展。"无论对于实体经济还是互联网产品，创业市场的人口红利已经消失。深挖用户价值，在细分市场上最大程度地满足消费者个性化需求是未来创业者需要注意的趋势。正如美团点评首席执行官王兴所说，过去的 4 年是"互联网+"的上半场，以用户规模快速增长为代表，而下半场用户红利逐渐消失，精耕细作，挖掘用户深度需求才是关键。

3. 借助全国"互联网+"大学生创新创业大赛平台，全方位系统包装，高端推广，广泛传播

何岩策划设计来电电影艺术酒店时，正逢全国"互联网+"大学生创新创业大赛首届赛事举办，他们在大赛上对"来电"项目的精彩阐述，得到了国赛评委和投资人的一致认可，最终获得国赛铜奖的成绩。通过此次国赛平台，"来电"项目在全国范围内得到了广泛的传播和推广，电影艺术主题酒店的理念也被更多的消费者所接受和认可。

做最适合自己的事情

——IT 精英玩转互联网金融

【人物名片】

创业英雄：谢新宇

出生年月：1982 年 11 月

所学专业：计算机技术

毕业时间：2004 年 6 月

创业项目：打造以汽车金融为核心的 **P2P** 模式综合理财——"好收益"，在改善企业生存状态、改变大众生活的同时，实现自己的人生目标。

【前情提要】

谢新宇是河北大学 2004 届计算机技术专业毕业生，2006 年 9 月考取北京航空航天大学研究生，攻读企业信息化与 ERP 实施工程专业。2014年，谢新宇开始与自己的团队创建"好收益"理财平台，以房产、汽车的

谢新宇近照

抵押贷款为切入点，为注册用户提供贷款、理财等金融服务。经过 3 年的经营，已经初具规模。2016 年 12 月，平台月累计成交额已达 2719.9 万元，平均预期收益率 13.5%，并有了相对稳定的客户群体。谢新宇在创业的过程中，找到了正确的人生定位，也实现了造福社会的人生理想。

【创业故事】

1. 洞悉社会痛点，在互联网金融领域发现商机

2006 年至 2013 年，谢新宇在研究生导师创办的公司中任职，负责团队、技术等方面的工作。在这期间，他参与了许多 ERP 工程，已经和资金管理有些交集了，掌握了扎实的基础知识，积累了广阔的人脉，并对我国的金融市场有了独特的见解。他发现，与国外的资产风险定价模式不同，国内银行利率是统一定价和浮动利率相结合。同时，银行偏向于规避风险，这就导致银行即便有闲置资金，也拒绝向一些资信低的企业发放贷

款，一些企业有资金需求，但是无法从银行筹集到资金，因此，民间借贷市场有存在的必然性。另外，与传统的金融市场比较，互联网金融能够打破时间、空间上的壁垒，他说："解决时间和空间的错配是互联网的能力，原来我开一个店，解决资源错配问题的可能是银行支行，但是这个银行网点只能覆盖到附近的居民；互联网也是一个点，人们在互联网上了解到你，就算人家在国外，他也能找到你。"因此，谢新宇决定进军互联网金融领域。

2. 从细分市场切入，在互联网金融领域分一杯羹

"好收益"平台建立之初，采用的模式和其他公司相同，受理抵押贷款、学生个人贷款等各方面的业务，但是他们后来发现，爱投资、有利网等平台已经过一段时间的运营，具备了相对完善的内控体系，形成了规模效应，这从侧面提高了后入行公司的运营成本，使得后进入的公司很容易亏损。于是他们在半年的时间内，摒弃了旁支业务，注重提升核心业务的竞争力，这一变革果然取得了很好的成效。

至于为什么将汽车领域作为核心领域，谢新宇解释说，这有多方面的考量：在风险方面，汽车、房产的变现能力比较强，即便出现还款人无法还款的情况，平台可以通过处理抵押物所得降低金融风险；在成本方面，进口车辆在海关过检时会生成完整的信息，这能够节约平台在核准信息时的成本，提高产品收益；在价值方面，平台以北京地区为中心，基于北京摇号、限号等措施，北京汽车的附加价值远高于车辆本身价值，另外，港口库存车辆的进口税前价格也远低于市面价格，以汽车作为抵押物能够降低抵押物减值的可能性。

3. 深化整合资源，谋求长远发展

在这次访谈中，谢新宇多次提到整合资源的重要性。实际上，在创业的过程中，广阔的人脉资源为他提供了非常大的便利：福建新港是全国十几家进口汽车港口中唯一的民营港口，在国有港口体系中，民营港口向银

谢新宇带团队出游

行借款的门槛很高，因此对民间借款的需求很大，谢新宇是在一个好朋友的帮助下了解到这方面的需求，并打开了这片市场，拓展了平台的发展空间；一些重要的商务合作，也是基于朋友之间的高度信任进行的。

谢新宇还非常注重股东这一资源，他认为合格的天使投资人，不仅仅为企业提供资金，还要为企业解决困难。3 年的时间内，谢新宇引进了 4 位天使投资人，包括火币网 CEO 李林、三诺集团的下属投资公司等。天使投资人不仅为"好收益"注入资金，还为其提供信用保证，对于金融服务类的公司而言，信用恰恰是最重要的资产。他说："公司发展首先需要依赖股东，其次才是投资人。"

4. 模式创新，打造特色理财平台

"好收益"平台是基于 P2P 模式的理财平台，P2P 模式相对于传统的金融模式来说，就是一种创新。互联网本身能突破时间、空间的限制，这是线下融资无法比拟的。另外，传统的民间金融机构只能将自有资金（或者从第三方融入的资金）借给筹资方，这使得资金的额度、流转路径都受到不同程度的限制。在 P2P 模式下，每一方都可以充当投资人和筹资人，资金也是在完全公开、透明的环境下运作的，资金是谁借的、需要谁承担

还款责任、平台的资金总量等信息都是公开的，这样的模式能够实现共赢的局面。

"好收益"与传统的 P2P 模式相比也有不同，它的市场都是由团队自己开发的，风控团队会深入企业，帮助企业完善业务管控，与企业开展深度合作、绑定，"好收益"与借款企业既存在借贷关系，也是合伙人。与其他机构相比，"好收益"在市场方面的抓手更加严谨，资金也更加有保障。

5. 互联网宣传，多途径开拓市场

作为线上融资平台，"好收益"主要依靠互联网营销吸引用户。首先，依靠微信的熟人营销模式拓展市场，在平台吸纳第一批用户之后，鼓励用户向朋友推荐，朋友再向朋友的朋友推荐，这种点对点的精准营销在初期能够取得比较好的效果，而且成本比较低廉，但是信息到达率有限。其次，平台与一些有影响力的金融社区合作，依靠金融社区已有的推广渠道和固定用户扩大平台的影响力，这种方式的另外一个优点是向潜在客户精准推送平台产品，因为金融社区的用户具有获取金融服务的需求，并且已经接受互联网金融这种新兴事物，因此能够更好地接受他们的服务。他们还与各种搜索引擎建立长期合作关系，以保证平台的曝光率。

显然，谢新宇作为互联网时代的弄潮儿，深谙激烈竞争中的企业生存之道，一直将服务品质作为核心的竞争力，把"提高平台品质，提供更便捷的金融服务"作为最基本的营销策略。

6. 以人为本，组建最优团队

企业的管理依赖于对人的管理，打造高效的运营团队有助于企业的长足发展。技术型人才在组建团队的时候，经常会出现团队同质性的问题。团队各成员技术层面水平都很高，但是很多问题是需要资金、人脉等其他资源解决的，团队内部却无法筹集这种稀缺资源，这时创业就会遭遇瓶颈，甚至失败。谢新宇认为在组建创业团队时，最重要的一点是保持团

队内部成员的互补性，对于这一点，他有很深的感悟："对于创业合伙人的选择，最核心的一点就是互补性。团队成员取长补短，分工明确，有人善于管理，有人善于调节气氛，我需要做好核心团队建设，多方协调就可以了。"

作为团队的领袖，知人善用也是非常必要的能力。他说："创业是一个长征的过程，肯定有伤兵弱兵死掉了，还有逃兵，一直跟着你走的人，才会成为公司的领军人物，你要把这些人凝聚起来。其实每个人都有缺点，要看你怎么把他们的优点用好，用别人的优点弥补他们的缺点。"

7. 站位高远，立足社会民生事业

谢新宇就读河北大学期间，曾跟随学校老师参与创新创业项目，项目内容是帮助华北油田建立应急预警系统，该项目荣获河北省科技进步三等奖，这次获奖给予谢新宇一定的信心，他希望继续利用自己所学知识改变社会。他说："当时，我们主要是站在公司经营的角度，希望用自己的技术改变企业的状态，或者自己的生活状态。"在研究生导师的公司工作时，他们承接的大多是政府资金 ERP 系统的建设项目，帮助政府实现资金的高效利用。项目进入平稳运营阶段之后，谢新宇和他的团队在选择目标客

谢新宇在中关村互联网金融论坛暨第四届普惠金融论坛上获奖

户的时候，也会把是否有利于提升公众的生活质量作为一个评判标准，这样"家国天下"高远的站位和"儒商"的情怀，也成为他创业路上的一个重要推手。

【创业感悟】

1. 勇敢迈出第一步，体验新的生活方式

谢新宇在考取研究生之前，曾在保定的一所高校担任教师，在自己创业之前，也曾在导师的公司工作7年，但是他认为这些岗位并不适合自己，最终走上了创业的道路。在作出这样的选择时，他面临着还房贷、孩子出生等多方面的压力，在创业过程中，他也遇到了各种困难，不过他最终坚持走过来，在3年的时间内取得了不菲的成绩。这说明只要你有创业能力和想法，就应该勇敢地走出去，而不应该被自己预设的失败和困境吓退，不敢尝试。

2. 找准人生目标，不断充实自己

谢新宇认为对自己的提升应该贯穿于人生的整个过程，大学毕业不是学习的终点，学好专业知识只是提升自己的一个方面，于年轻人而言更重要的是培养自学的能力，以便在今后的磨炼和经历中学到更加实际的东西。另外，作为一个具备独立人格的个体，每个人还应该尽快了解自己到底是怎样的人，想要的是什么，为了实现这样的目标需要怎样的能力，并下意识地去锻炼和培养，这就是所谓的"目标性学习"。

谢新宇还认为，公司和员工都不能"将就"，"公司和员工存在匹配点，一个员工一定能找到最适合的公司，公司一定能找到最适合的员工，一定会有这个匹配，因此不能凑合，你觉得行，就好好努力，你觉得不行，就去寻找更加合适的"。

【智慧点睛】

1. 结合自身所长，创业更加容易成功

创业并不一定是一个从 0 到 1 的过程，创业者可以发挥个人优势，规避创业初期的困难。谢新宇充分发挥了自己的专长，他所学专业是企业信息化与 ERP 实施工程，并且有着为各类企事业单位设计 ERP 系统的工作经历，这使他得以深入了解国内金融服务市场的行业前景、客户需求、行业陷阱等第一手信息，积累了相关方面的经验、人脉等资源，并能够借鉴以前所在公司的成功经验。最重要的是，他利用所学的工程双代号网络图，通过分子的结构来监测工程的各种要素，通过关联路径，预测周期、成本、关键节点的变动情况，这样能够有效地降低成本和风险。在选择市场切入点时，谢新宇充分利用人际关系网络的优势，谋求与目标客户的深度互信合作。谢新宇还通过寻求互补性的创业团队成员、引进天使投资人等，弥补自身在人员、资金等方面的不足，扬长避短，这将自己的创业项目放到一个较高的起点。

2. 动态调整，创业走得更远

创业是一个连续的过程，在最初确定整体纲要后，还需要在项目执行时根据具体情况不断进行调整。最初，谢新宇通过"广撒网"的模式，受理各种理财业务，希望全方位打入金融服务市场。后来，他发现，在入行较早的公司已形成规模效应的情况下，公司很难通过这种途径抢占市场份额。于是，他们逐渐缩减周边业务，将主要精力放在"车房贷"上面，在细分市场抢得先机。团队成员的调整很重要，作为领导者，谢新宇要维护团队的高质量。

在现有的五千余家从事 P2P 理财服务的平台中，已经有三千余家陷入困境，名存实亡，预计到 2017 年年底，只有七百余家公司能够继续经

营，而"好收益"平台已经在汽车金融领域占得一席之地，并且即将开拓物业市场，具有很大的发展空间。这和谢新宇团队依据市场形势及时调整是分不开的。

3. 勇于决断，成为团队精神领袖

人总是面临很多艰难的选择，作为团队的领袖更是如此，小到员工的绩效奖励、大到公司的整体战略，都需要公司高层做决定。这些问题往往没有标准答案，也没有最优解，需要谢新宇凭借自身的经验和判断能力作出决定，这是个非常痛苦但是必须面对的过程，否则会使自己丧失在员工中的威望，更会使公司错失发展良机。

谢新宇的公司才刚刚起步，相信在他和他的团队的不懈努力下，能够取得更大的成就。

稳中求胜
——理科男开辟互联网金融新天地

【人物名片】

创业英雄：张凯

所学专业：信息管理与系统

毕业时间：2003 年 7 月

创业项目：与微贷网合资，做工程机械方面的互联网金融，创建了属于自己的公司。

【前情提要】

张凯毕业后在家乡河北容城工作了一段时间，不安分的他不满足于目前的生活状态，决定去北京打拼。他刚开始做了 9 年的工程机械营销管理，从底层做起，积累经验。之后随着时代变迁，他又发现了二手拍卖的商机。历时 4 年，他和同伴一起做成了中国最大的工程机械拍卖公司。其

"微贷网"工作团队

间，他主管营销和管理，积累了能力，具备了一定的资源与人力。这时的张凯，又有了新的想法，想成立一家属于自己的公司。于是他转战工程机械的互联网金融，与微贷网合资办公司。公司规模越做越大，这开启了他人生新的篇章。

【创业故事】

1. 毕业稳扎稳打，积累行业经验

张凯在 2003 年毕业之后，起初回到了自己的家乡——河北容城，因为自家亲戚是做服装进出口的，所以他便开始从事进出口行业。然而，张凯天生便不是一个安分的人，不甘心一个月在家里只挣千八百块钱，仅仅在家里做了一年之后，便选择了北上，独自前往北京寻找机会。起初，他在厂家做工程机械行业的管理，从最初的一个小员工一步步做到了营业部的部长，之后跳槽到另外一家公司，做了 9 年工程机械行业的营销与管理。由于整个市场开始向后市场转化，张凯便选择与他之前的老板一起做工程机械二手的拍卖。从 2012 年到 2016 年，工程机械拍卖公司形成了巨

大规模，他在公司里担任执行总裁，负责管理和营销相关事宜。尽管如此，张凯还是想要做一家真正属于自己的公司，于是他选择了工程机械的互联网金融行业进行创业。

2. 巧遇创业贵人，创立合资公司

张凯在创立自己的公司时采用了众筹的模式，机缘巧合，他结识了当时中国最大的汽车抵押贷款公司的姚董，两个人志趣相投，姚董非常看好张凯创业的项目，给予了张凯雄厚的资金支持。张凯对于这个机遇曾经谈道："如果当初不是正好遇到姚董的话，我不会采用现在这种方式去经营企业，我不会做工程机械的放贷，但我还可能做工程机械的交易，交易的资金来自于众筹，或者是发行基金，经营的方式可能不一样。"现在张凯的金融业务量累计资金达四五千万元，交易资金量三千万元。

"如果没有微贷网的支持，公司经营的方式方法可能就会有所不同。我不会在全国范围内进行招聘，而且会通过控制员工规模进而控制成本。现在有了微贷网的支持，我的步子就会大很多，更敢想敢干了。以前用自有资金，5年做几个亿，十几个亿，我就觉得不错了。现在不仅有资金支持，还有管理、渠道等方方面面的支持，未来5年我就有做一百个亿的规划和想法。"在谈到微贷网的投资时，张凯曾对我们这样说。公司于2016年9月份签署合资协议，11月份理顺了

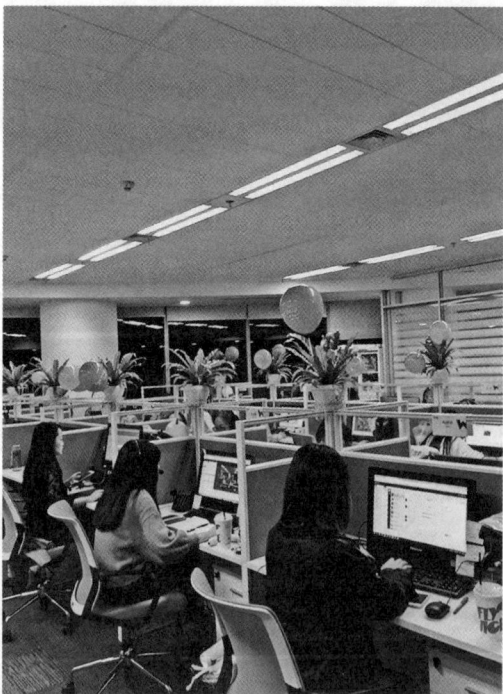

"微贷网"工作场所

所有产品的业务流程，12月份开始线上做具体的业务，由于刚刚起步，当月业务总量仅达一千万元，到2017年1月份业务总量达到两千万元，而2月份的业务总量就突破了两千七百万元。公司的产品类型是多元化的，包括工程机械和商用汽车、贷用车等。公司的主营业务是为做贸易的车商提供贷款，为资金短缺的客户提供分期服务。张凯之所以选择这个行业，是因为目前极少有人涉足该行业，由于对抵押物估值困难，银行也不曾涉及。张凯的团队每天都在接触该行业，对价格比较了解，有大量的客户群，所以他们认为公司做工程机械的互联网金融是比较有优势的。

3. 立足本身优势，公司快速发展

因为公司有姚董提供的资金支持，张凯又在这几年的工作中积累了许多经验，行业进入门槛较高，竞争压力不是很大，公司目前的发展状态比较良好。目前微贷网总部拥有一万四千余人，全国大概有366家门店，广泛分布在28个省市中。业务的主要区域以华东、华南和西南为主。

经过多年的行业经验，张凯分析了行业本身的特色，他说："其实这个行业的人相对来说都比较朴实，我们的客户是以土生土长的农民为主，他们比较直接，不喜欢太绕弯子的交流方式，所以一定要用最真诚的方式去跟他们沟通交流。"因为张凯知道，对于这些客户群体来说，是拿了家里的大部分钱来购买机器靠它赚钱的，他们承受风险的能力很低，如果卖给客户的机器出了问题，对于客户的家庭来说有时候是一个毁灭性的打击。所以张凯公司购进的设备都是有质量保障的，主要靠口碑宣传，尽管这样做的成本会比较高昂，但是能形成稳定的客户群，还能够带来更多的后续业务。你的机器质量好，客户用过之后肯定会推荐他的朋友来购买，这样就形成了口碑宣传，促成二次、三次销售。张凯公司一直坚持着"以客户为中心"的基本原则，让客户赚到钱，他们就会感恩于你，他是真正从双赢的角度去考虑的。目前公司的销售情况非

"微贷网" 团队工作会议

常好，整个公司一直积极发展着，当然这也和国家经营中心的转移有关系。2016 年在国家的带动下，整个行业开始回暖，现在则是属于一机难求，合适的车一般都比较少且偏贵，涨价的幅度较大。目前整个市场还是比较大的，营销的渠道主要分为三个：第一个渠道是来自于自己的业务人员；第二个渠道是微贷网的一万多一线员工；第三个渠道则是他们在全国的合作伙伴。自己来开发渠道，用两条腿走路，只有这样才能把企业的路走得又好又稳。

【创业感悟】

1. 一颗不安分的心，一个造不完的梦

张凯步步为营，一步一步做大。靠的除了认真努力，笔者认为一颗不安分的心起了重大的作用。从最开始放弃家乡稳定的工作到北京打拼；到

不满足于利用photoshop作为公司的文职人员而设法进入公司核心管理层；再到认识到时代变迁和同伴一起创立了中国最大的工程机械拍卖公司；直至最后创立了只属于自己的公司。张凯谈到，为了家庭他一再延后自己的创业规划。他说："当你的资源和能力都积累到一定程度的时候，开自己的公司就变得水到渠成了。"可以看出来，他不是没有野心，只是更理性，一边充实自己，一边静待时机。一颗不安分的心，加上为之积极奋进，勇往直前，步步为营，造就一个属于他的梦。

2．专长所为，如鱼得水

张凯说道："我们做一件事情就要做自己最擅长的，每一个人在进入一个陌生的领域，做陌生的事情时，都是做十件，错九件。但如果你做的领域是自己擅长的，这个比例就会反过来，做十件，成八件，平一件，败一件。"当然现在很多毕业生做不到专长所为，这时候就会提到积累经验的重要性了。以专业所长为契机，脚踏实地，当有了一定的经验与能力后，再去拼去闯，这样也是专长所为，必定会如鱼得水。很多年轻人创业九死一生，大多因为没有经验，没有专长。所以要稳中求胜，把握时机，独占鳌头。

3．团队合作，齐头并进

态度决定一切，能力可以锻炼。张凯在提到团队合作时说："完全靠自己很累，团队协作才是最重要的。我开始主要靠自己把控，去总部做了一次卓越领导力的培训之后，深刻感觉到还是需要有团队，需要有下面的人来协助你去完成很多你不擅长的工作。培训回来之后，我组建了一个团队，形成了公司组织架构。只要组织架构是健全的，其他就是添砖加瓦的事情。"最重要的就是团队的凝聚力，团队成员认准你，相信你，肯跟着你干，不留二心，这样的人是很难得的，也是任何一个公司发展所必需的。找一群志同道合的人合作，才能开创属于自己的新天地。

【智慧点睛】

1. 借力微贷网，互利双赢

与张凯的交流中，他一直在提他的"贵人"——微贷网。当他有了一定的资源与能力后，他去找了微贷网的姚董交流，发现两人都对工程机械的互联网金融感兴趣，一拍即合，合资开了这个企业。一人负责资产端的开发，一人负责资金端的提供，借力打力，利用微贷网的全国影响力，以及一线一万多的员工，发展自己。

2. 找准方向，巧力打拼

张凯他们针对的客户大多都是土生土长的农民。农民不太喜欢绕弯子的交流方式。所以一定要用最真诚的方式去跟他们交流，不要拐弯抹角地去坑骗。你的设备一定要是最精品的设备，这样才能形成稳定的客户群，带来后续的更多业务。而且客户还会推荐自己的朋友来买车，形成二次、三次销售。以客户为中心，就相当于让客户赚钱。采取和客户双赢的态度，找到最舒服的方法。找到最适合你的客户，找到能令你的客户感到最舒适的销售策略，实现双赢。

3. 抢占细分市场，独占鳌头

张凯的公司主要做工程机械分期。这个项目由于银行无法估计产值所以不敢盲目去做，其他厂家因为这个项目资金量太高也很少涉足。所以这一细分市场竞争压力比较小，有很多的自主权。现在中国务农的人口很多，农村建设、开矿、城市挖沟槽、地基施工等等都会用到工程机械。为了长远利益，顾客一般都会买质量相对好一点的产品，这样价钱也就相对贵一点，十几万元到一两百万元的都有。农民一时间拿不出这么多钱，而公司能提供给他资金支持，所以双方合作，互利双赢。

第五篇　生物医药与技术研发类

生物医药与技术研发行业在保障人类生命健康、改善人类生存环境方面作出了巨大的贡献。同时，它又是一个非常"寂寞"的行业，生物医药研发投入大、周期长、风险高，科研人员经常需要进行数十年如一日的研发工作、忍受无数次的失败，即便取得突破性的成果，也面临着成果转化途径不通畅等现实问题，人们可能很难将这一行业与创业项目联系在一起。然而，创业者的智慧是无法估量的，有一些相关专业的优秀人才，他们既掌握了扎实的专业知识，又拥有了一双善于识别商机的慧眼，通过深度挖掘，发挥自身专业优势，开辟了具有高度商业价值和社会价值的商业新天地。

锲而不舍

——开辟医疗健康新模式

【人物名片】

创业英雄：杨川

出生年月：1982 年 3 月

所学专业：国际经济与贸易

毕业时间：2006 年 6 月

创业项目：医疗器械公司，通过自主研发和产品推广，锲而不舍开辟医疗健康新模式。

【前情提要】

杨川，2006 年毕业于河北大学国际经济与贸易专业。毕业后，他没有选择直接创业，而是先后就职于不同的医疗器械公司，积攒多方面的工作经验。几年后，杨川在北京创办了自己的公司，除了代理医疗器械产品

杨川近照

外，还自主研发新产品，打造企业核心竞争力。现在公司正处在起步阶段，人员达到三十多人，拥有自己的技术和产品，在北京这个竞争激烈的城市有了自己的一席之地，组建了一支充满生机的创业团队。杨川锲而不舍的创业精神开辟了医疗健康新模式。

【创业故事】

1.职场摸爬滚打，奠定创业基础

杨川大学毕业后，并没有选择直接自主创业，而是先到公司，从基层开始学习。几年的时间，他辗转了几家国内声誉较好的医疗器械公司，从下到上体验了不同等级的工作，积攒了多方面的工作经验。多年的职场经历让杨川受益无穷，他建议大学生在毕业后不要急于求成，迫不及待地踏上自主创业的道路，而是先在其他企业里积累经验。与此同时，应当思索自己的创业目标，探索行业发展现状，摸索属于自己的创业之路。这样，既可以为自己准备一些日后创业的资本，也可以节省时间、精力、金钱，避免失败教训。社会上因为急于创业而导致失败的案例比比皆是，经常会有好的创意被扼杀在摇篮中。所以急于求成可能带来的是无法挽回的失败，要忍耐住内心的急迫，踏踏实实去学，让自己的创业可以从更高的起点起步。

2. 性格与决策力，助其走上创业路

谈到为什么会选择创业，杨川认为自己的性格和决策力让自己走上了创业之路。性格对于职业影响的效果是显著的，杨川认为，对于一个踏实的人，就可以选择更为稳定的工作，让自己在一个单位一步一步努力晋升。但是他很清楚自己是一个闲不住的人，那么，明确自己的目标，在每一次工作经历中去吸收一些好的创意、经验，并汲取教训，谋划创业之路，就很必要了。当然，性格并非一成不变，杨川建议大学生，如果自己有目标去从事某行业或者某工作，努力培养自己的性格去适应想要的工作就可以了。所以大学生应该抓住4年的机会，努力培养自己良好的性格，让自己以后在职场、在社会上可以更快地适应和立足。

杨川团队工作场景

杨川认为，创业者应有决策力和破釜沉舟的精神，不能过分担忧和顾虑。在创业过程中，他体悟到每个行业都有自己的红线，那些把行业摸得很清楚的人往往会蹑手蹑脚，难以做成自己的企业；而初出茅庐具有一定魄力的创业者，虽然对行业没有了解得非常清楚，却可以摸索出一条好路。他认为不要在创业前就担心能不能赚钱、会不会亏损，只要有目标、有思路，在大好年华、青春岁月，就要放开手脚，大胆去做，即使有亏损也会在不久的将来盈利回来。但是魄力绝不是盲目，还应对行业有初步的了解，细心探索发掘市场。他看到过许多创业者因为缺乏魄力让自己的企业夭折，所以建议有创业意愿的大学生锻炼自己的决策力以及执行力。

除此之外，创业者还应开阔自己的视野，形成独具个人特色的观点。形成个人观点对于有创业想法的人极其重要，随着对社会以及市场的深入了解，加之不断地打拼，杨川现在的价值观与大学时发生了很大的变化。他建议大学生不应只在书本上学知识，也不能完全相信刚毕业的学长或者大咖的言论，因为这些或多或少有些片面或落后，而应该尽量自己去体会或向正处在创业一线的企业家咨询。这样针对纷繁复杂的社会现象才会形成自己的正确观点，就算是与大多数人唱反调，也比人云亦云好得多。所以我们不要把眼光局限在我们所学的知识和我们所认知的社会，应该开阔自己的眼界和知识面，让自己更了解现实社会，以更加自信的姿态迈入其中，同时以独到的眼光和学识来支撑自己的梦想。

3. 从研发到营销，呕心沥血辟新径

在职场积累了几年经验后，杨川开始做代理商，同时创办了自己的企业。他的创业经历也不是一帆风顺的，也经历过一波三折。为了凸显自己的特色，让企业区别于一般的代理商，增强核心竞争力，杨川开始搞新产品研发。研发中的辛苦和汗水外人难以感受到，从构思到创新，再到制造、试验等，都会承受相当大的压力。医疗器械容不得半点差

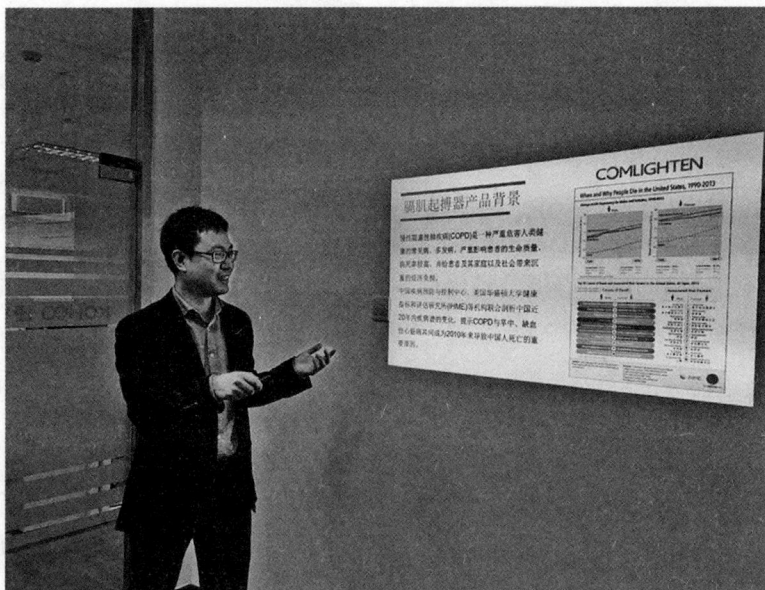

杨川对产品做介绍

错，需要一个漫长和准确的试验，让医生对产品的原理以及功效有一个准确的认识和支持的态度，这一步非常关键但却十分艰难。想达到这一点并不容易，因此他们需要找相关方面的专家去研究和确认，之后还要一遍一遍地进行改动和调整，让产品能够适应病人的身体情况并满足治疗的需求。

　　产品可以放心使用后，又一个极大的困难摆在面前——产品营销。它像企业的喉咙，对于企业的生存和发展是至关重要的一步。让这个"喉咙"畅通是非常难的，不仅需要医院认证做担保，还需要社会的广泛认可。当然产品的性价比和实用性也是畅销的关键。由此可见，这一趟下来简直像西天取经一般困难。最后，把这一串产业链从头到尾连接起来并不容易，任何地方出问题都是致命的。要把这一切做好，既需要一个宏观的视野，也需要细致的态度。

【创业感悟】

1. 努力学习知识，保持奋进之心

谈到自己的创业心得，杨川认为首先要学习好专业知识，即使从业时没有选择自己的专业，但是掌握专业知识一定对自己有所帮助。所以他觉得大学生即使已经做好职业规划，就算与自己的专业不同，也一定要坚持认真学习专业知识。

除此之外，还需要坚持不懈的努力。他讲了一个同学的故事，这个同学家庭条件不是很好，每年都享有一等贫困生补助，而每当补助金发放下来的时候，他的弟弟就会从乡下赶来，取走补助金贴补家用。他对英语非常热爱，看NBA从不需要翻译字幕，曾给报社提意见说"华盛顿奇才队"翻译有偏差，应该改为"华盛顿巫师队"，并在当年百分制的四级考试中考了98分。考研时他选择了商务英语专业，由于考研要求必须再修一门第二外语，他选择了葡萄牙语。河北大学没有开设葡萄牙语课程，而他也没有条件去上课外班，所以他自己买书学习，虽然听不懂也不会说，但他的葡萄牙语成绩高达85分。正是这种不服输的精神带给了他成功。所以，不管条件多艰苦，我们都无须抱怨，只要我们有一颗奋进的心，再艰苦的环境也可以有一个优异的成绩。而在好的环境中更应该珍惜，来丰富自己、充实自己。或许，当初的目标并不是那么的"高大上"，但是我们刻苦努力，为目标不懈追求的经历，会是我们一生的财富，让我们拥有一个更光明的未来。

2. 学会面对失败，合理规划人生

俗话说得好，蜘蛛不结网无法捕捉到昆虫，结了网也不一定能捕捉到昆虫。创业也是如此。杨川认为，在当今这个竞争激烈的社会里，没有能力和努力，基本上是成功不了的，这就是所谓的朽木不可雕也；而那些有

能力并付出努力的，也并非一定能够成功。杨川的一位高中师兄便是这样的例子。这位师兄考入国内顶尖大学学习其王牌专业——计算机，以优异的成绩毕业。他能力极强，一直努力寻找自己的创业路，却是屡屡碰壁，至今没有成功。创业确实是失败率较高的，在决定创业时，一定要首先学会面对失败，从失败中找寻原因，不断调整，寻找适合自己的道路。

个人能力是基石，杨川建议应从大学开始好好规划人生。在大学参加的每一项活动，都会在未来的某个时候发挥关键作用，而决定成功与否的关键在于方向。找准了方向，便可以近水楼台先得月，否则，即使再努力，那也只是南辕北辙。找准了方向，也就是摸清了这个社会的脉搏，也就能顺应这个社会的潮流。成功，也就是自然而然的事情。大学生有一些初期的职业规划是很有必要的，但同时也应该注意，由于没有深入社会、了解社会，不需要规划得过于长久。课本上的理论知识，往往与现实社会有较大的差距，进入社会后的职业规划更有意义。在职业规划中，超越自己比达到某一高度更为重要，应当经常反省、改正自己的不足，养成每日三省的习惯。在做好职业规划的基础上，应当努力工作，实现自己的职业目标，否则，再精彩的职业规划也无济于事。

【智慧点睛】

1. 不断提升自我，铸造优秀创业者

杨川有魄力、善决策，喜欢"折腾"、对风险包容，这些特质让他成为一名优秀的创业者。他因为"闲不住"，在每一次工作经历中都主动学习，吸收好的创意、经验，总结教训，不断提高自我。在创业过程中，他大胆决策、勇于承担风险，走出一条属于自己的创业路。他不断学习，开阔视野，将书本上学习的知识与社会上实践的经验有机结合，形成独具个人特色的见解，用丰富的智慧支撑自己的创业梦。

2. 多年行业积累，打入细分市场

杨川毕业后就选定了医疗器械这个行业，并坚持不懈，努力拼搏。初入职场，他利用几年的时间辗转在不同企业的不同岗位，丰富了本行业的经历。在创业项目上，他选择了自己最熟悉、资源最丰富的领域——医疗器械。通过多年的观察积累，他敏锐地挖掘出没有被满足的细分市场需求，通过自主研发新产品填补市场空白，走出一条属于自己的创业路。

3. 依托创新产品，打造核心竞争力

产品是决定企业成败的关键。杨川投入大量的人力物力财力攻克技术难题，研发新产品，建立起技术壁垒，阻止竞争者侵蚀利润。可以说，有了新产品，企业便有了核心竞争力。处于创业初期的杨川非常重视人力资源建设，他组建了一支三十多人的团队，分工明确，各司其职。为了给创业筹集资金，杨川毕业后在公司打工多年，积攒创业资本，并在创业初期选择做代理商，获得足够资金支撑自己的产品研发。在渠道通路方面，杨川由于在知名的医疗器械公司工作多年，获取了上下游企业资源，并将这些资源应用到创办企业中。可以说，没有这么多年在公司打拼的资源积累，杨川是不会这样顺利创业成功的。在商业模式的选择中，杨川锐意创新，采用了技术领先的速度模式，将大量的人力物力财力投放在新产品研发上，并依靠渠道关系大力推广。一旦推广成功，便可以享受创新带来的高利润。收入来源包括做代理商挣差价和自主研发的新产品的销售收入。

但是，杨川的企业还处于初创期，还面临很多问题。杨川选择了新产品和细分市场作为自己的核心竞争力，但是新产品存在不被市场所接纳的风险，盈利也不能得到保证。新产品形成的技术壁垒是暂时的，在医疗器械这个创新决定生存的行业，竞争对手也在不断研发新产品，或者模仿自己的产品，如何保证不被竞争对手超越，保护自己的利润区，

是需要深入研究的问题。杨川自己也提到了，营销推广过程同新产品研发一样艰难，虽然有医疗器械行业工作的多年积累，但是与行业内资深企业相比，自创企业品牌优势不凸显，上下游企业未必一定选择与其合作。如果新产品没有被广泛接纳，杨川在新产品上投入的人力物力财力成本无法回收，企业便会出现资金链断裂的风险。杨川还需要进一步完善自己的商业模式，提高核心竞争力，方能在变化多端的市场中站稳脚跟。

生命怒放

——生物医药领域铸就梦想

【人物名片】

创业英雄：吴立峰

出生年月：1978 年 11 月

所学专业：生物技术

毕业时间：2001 年 6 月（本科）2005 年 6 月（研究生）

创业项目：吴立峰与河北大学生物系的师兄弟以及其他朋友建设了一个生命健康孵化器，旨在建设生命健康产业生态体系，致力于打造生命健康领域的开放平台，构建一个开放、协同、创新的生命经济生态体系。

【前情提要】

这是一个合伙创业的故事。在最近一次的访谈中，吴立峰提道："几个合伙人都是毕业于河北大学生物系，出于对健康领域的浓厚兴趣，组建了一个合伙人公司，开始了我们的创业之路。"看似简单的描述背后有着他们流下的无数汗水与不抛弃、不放弃的念头。"筚路蓝缕启山林，栉风沐雨砥砺行"，他们运用自己所学的有关生物领域的专业知识，秉持着生命科学造福人类的宗旨，怀揣着对生命健康项目的向往，终于在 2012 年，于北京海淀区成立了木精生物科技有限公司。公司主要从事发酵工程、分子生物学相关的科学研究服务工作，以北京为中心，向全国辐射，为全国乃

吴立峰近照

至世界的生命科学领域的科研工作者服务。他们以项目为中心，组建新的科技公司，对技术进行孵化，最后形成产品，进入市场，服务大众，渐渐形成完善的健康产品服务体系。现如今，公司已经拥有完备的分子生物学实验设备和技术，有生命科学领域高端人才，更有广泛的新老客户资源。公司的各项基础设施建设非常完善。

【创业故事】

1.组建核心，注重前期准备工作

吴立峰提道："核心团队的创建是任何项目成功的关键。"秉承着这个理念，吴立峰在组建团队之初，找来了多个志同道合的朋友，大家围

吴立峰公司办公场所

坐在一起商议出创业计划和目标，分配好每个人在团队中担任的工作种类，找准适合每个人的位置，取长补短，发挥各自的优势，组建了最基础的核心团队。在相互合作的过程中，有的朋友离开了，有的朋友加入了，经过两年磨合，他们共同进步、携手前行，确定了最终的核心团队，在这个核心团队中，他们既在事业大方向上志同道合，又在微观执行层面上有明确的分工。有的人对技术的把握很清晰，有的人对市场的通路了解很透彻，有的人对政策有比较强的理解能力，有的人对投融资有相当多的经验，有的人对互联网有多年的运营经验……大家在各自的岗位上发挥着协同作用，工作越来越得心应手，为以后的项目管理运营提供了强有力的保障。

2. 脚踏实地，孵化器新模式应运而生

组建团队之初，大家志同道合，都怀揣着同一个理想，心向一处合，力向一处用。并且，大家都经过了多年的社会历练，对于自己所处的领域和范围都有各自的心得及经验。考虑到人类一直在探索未知世界，面向

人类发展根本需求的创新创业必定会是全新的，而将生命、健康放在第一位，围绕着生命健康产业，正是生物领域工作者根本的定位原则和方向。把握这一准则，他们希望能从科学研究走出来，致力于生物技术的发明、创造与应用，依托生物平台支撑，实现产业的发展，最终实现为人类服务。

大家看到了全国范围内的创业热潮和激情，也看到了纷纷涌起的孵化器中出现的巨大机会，决定走出一个完全不同的模式来进行发展，为科技创业者提供最有价值的服务。吴立峰组建了基础团队之后，从第一个服务科研创业者的项目开始，团队紧密磨合自己的 SOP，努力做好七巧板的核心转轴，把每一个细节都尽量考虑周全。通过系统化的组成来服务科研创业者，从项目的创意，到落实公司注册，商业计划书的设计，公司架构的组成，项目的实验完成，中试，申请手续，完成商业化路径。一步一个脚印，走得很谨慎，也很踏实，完成了整个通路，也磨合了自己的队伍，验证了自己的想法，日渐拼凑出完整的七巧板，这对于后续工作的持续开展，起到了决定性的作用。

3. 循序渐进，由点到面发掘市场

进行了第一个项目孵化以后，对流程和操作有了一定的积累，吴立峰和朋友们并没有马上开展大面积的项目寻找工作，而是制定了一套切实可行的方案，具体来说，就是以一个系列为基础，一个一个地开展，然后他们内部形成一个闭合的链状结构，由点到线，互为依托，互为支撑，不仅形成了较好的产品体系保护，而且形成了一个系列化的市场行为。多个市场行为并列发展，相互扶持，线性结构组成了系统的全面的孵化器耦合结构，形成了由线到面的可观的发展趋势。

4. 把握宏观，顺应国家发展的需要

一个项目要想得以顺利发展，承受时间的磨砺，就必须顺应国家发展和全人类的进步要求，这在生物学中就相当于著名科学家达尔文的进化

论："物竞天择，适者生存。"想到这一点，吴立峰及其团队了解到了国家目前在全面进行技术升级，鼓励大众创新、万众创业，在这种良好的宏观环境下，顺势而为是一种最明智的选择。

这几年，各地的孵化器如雨后春笋般蓬勃发展。不仅各级地方政府在建设，民间机构在建设，各个高校也在建设。他们经过慎重考虑，在顺应大环境的形势下，果断选择对于企业最强有力的后盾——高校进行合作，从老师、学生中挖掘优秀人才，为公司项目研发注入更新鲜的血液，以研发更新颖、更先进的项目，再引入孵化器进行孵化。这样一来，公司就能不断提高创造力和生产力，不断获得最前沿的科技项目，不断完善孵化器自身的产品体系，从而形成一个完整的产业结构布局。

5. 接轨母校，合作实现双赢

在谈到接轨母校时，吴立峰认为："与母校进行联系、交流和合作，既能为母校师生提供实践机会、就业岗位和创业经验，也能为自己的团队注入新的活力，同时达到扩大宣传的作用。何乐而不为？"2015年4月2日，党委常委王培光率相关单位负责人到河北固安肽谷生物医药产业园考察，并与肽谷生物医药产业园负责人司信喜，入驻企业木精生物科技有限公司总裁吴立峰等相关人员举行了座谈。双方就科研成果转化、人才培养、就业创业等方面的深入合作进行了交流，并且签署了创新创业实习基地协议。

【创业感悟】

1. 攻坚克难，坚持永远是最好的计划

提到创业，很多人联想到"风险""艰苦"等词汇，明明有很好的创业想法，坐拥优质的创业资源，但还是畏首畏尾、踟蹰不前，而且在执行

过程中，很多人都缺乏坚持。吴立峰在访谈中多次提到了"坚持"，他确信，其实坚持才是做成一件事情最重要的条件之一。吴立峰这支团队这些年一路走来，最大的感悟就是项目可能看错，资金可能投错，但是小项目可以放弃，大项目即便再多困难也要坚持住，有两个项目就是多坚持了几个月，最终迎来了阳光。

2. 组建系统，助力创业成功

多年的工作经验表明，不仅需要对自己原来所学知识不断更新，最关键的是，在实践过程中，发现各种学科的知识储备和人才储备是非常必需的。吴立峰提道："多学科的知识和人才才能建成一个真正的网络。"在创业过程中，吴立峰和他的合作伙伴发现外语学院能够提供多语种支持，便于和国外的科研工作者交流，信息管理学院能够提供诸如专利写作等服务，工商管理学院能够提供很多管理方面的经验和知识，理科类的学院能够提供的支持就更多种多样了，所以经过不断的磨合和学习，现在他的公司具备多种拥有不同技能的人才，大家一起构建了一个完善的知识网络和工作体系。

3. 团结至上，组建坚强的创业团队

在被问到如何选择创业伙伴时，吴立峰谈道："在选择创业伙伴时，我们非常谨慎，因为之前都有一定的工作经验，深知团结的重要性，只有团结，才能在重要的关口做出最合理的选择。"所以吴立峰组建核心团队花费了很久的时间，对核心的人员，不仅观察他的工作能力，最重要的是他的本性，经过长时间考察才最后确认。几年下来，公司现在已经组成了一支团结坚强的团队，这支团队形成了公司的企业文化，也深刻影响了公司的其他同事，为大力发展公司的理想提供了强大的内核支撑。

【智慧点睛】

1.依托母校，充分挖掘河大校友资源

创业这件事情，仅仅依靠自身力量是不行的，在社会上经历后会有深刻认识，校友的力量是强大的，校友的力量也是可以信任依托的。创业到现在，成功的案例多半来自校友的支持，在技术的评判，技术的研发，产品的落实，下游通路的开拓等环节都发挥了关键性的作用。而且，由于河北大学是一所综合性大学，系别很多，互为依托，所以吴立峰和他的团队不仅从生物系得到多种支持，从校领导、药学院、建筑工程学院、化学学院以及校团委等多处都得到了大力的支持，对于在外创业的河大学子来说，河北大学永远是真正踏实的依靠。

2.厚积薄发，把握创业机遇

创建木精生物科技有限公司之前，吴立峰已经积累了不少创业经验。他于 2006 年创立北京博凯思维科技有限公司，主营生物类各种设备、试剂和耗材。2009 年成功转型建立 PUEX 自营品牌，品牌拥有 100 多种分子生物学实验试剂，同时成立北京福尔彻科技有限公司，承接高校、医院等科研单位的课题实验研发项目。这些都对木精生物科技有限公司的发展有着重要的参考价值。在实施创业计划时，他们尽量总结已有经验，或者寻找有一定经验的合伙人，抑或联合多方查询，丰富自己的智慧锦囊。

正值国家鼓励大众创业、万众创新，实体经济需要发展，高科技企业高速发展，科研资金越来越支持企业，各地孵化器如雨后春笋般涌现。木精生物科技有限公司应势而生。吴立峰在选择创业项目时，注重社会的需求、形势的发展，以达到项目的实用性，同时也有利于公司的发展。

3. 有所取舍，寻找最佳市场定位

中国经济发展到现在，许多领域已经发展得十分成熟，先入行的企业具有规模优势，掌握着十分宝贵的客户资源，这导致后进入的企业生存空间非常狭窄。若想提高创业成功的可能性，吴立峰提道："创业者可以深入挖掘市场需求，进军细分市场，在细分市场中出奇制胜。"吴立峰他们这支创业团队以孵化器为切入点，区别于以前大多数的孵化器，不以出租场地等为主要内容，而以提供对应的价值服务，组建新的公司为出发点，进行项目孵化，最后组成产品服务体系，为大众服务。公司的经营范围涵盖技术开发、技术咨询、技术服务、技术转让、经济贸易咨询等多个方面，新颖但绝不单一。

另外，创业者还应该注重市场的多元性和层次性，既然是服务科研工作者的领域，不同的科研工作者对于最终的产品输出是有区别的，有的科研工作者需求的是最终产品的市场化，有的希望资本化，有的希望能够做完科研步骤即可等等。这些不同的需求决定了项目的组建区别，从时间上、地域上、投入上都有差别，只有区分清楚，才能精准定位，才可以找到最好的市场方向，从而达到最佳的效果。

4. 凝心聚力，打造多元化核心团队

作为创业者，吴立峰以自己独特的人格魅力、开放包容的心态、积极进取的精神，团结队友，尊重和发挥每一个人的特长，围绕创业目标，凝聚人心，多方协同，实现核心团队创业价值的最大化。

在创业路上，吴立峰走得稳健而灵活，我们祝愿他和他的团队能越来越优秀，在生命健康的道路上获得越来越多的成就！

突破自我

——程序员转战环保领域

【人物名片】

创业英雄：王海生

出生年月：1983 年 5 月

所学专业：电子信息工程

毕业时间：2006 年 6 月

创业项目： 2007 年年底，王海生和朋友创立了盛世博创软件公司，公司发展遇到瓶颈后，王海生离开公司，2013 年 8 月进入软通动力信息技术有限公司。

【前情提要】

王海生是河北大学 2002 级毕业生，大三时，成为第一批进入河北大学工商学院软件创业中心实习的学员。在软件创业中心实习期间，他夯实基础知识，收获大量经验，积累广阔人脉。凭借这段经历，王海生被北京理正软件设计研究院录取。工作一年后，他和几个同事创立了盛世博创软件公司。经过不断摸索，公司发展起来，其智慧环保项目成为全国的标杆项目。但随着公司的扩大，发展进入了瓶颈期。无奈之下，他离开了和同事们共同创立的公司，投身于我国 IT 领域的领头公司——软通动力信息技术有限公司，因看到智慧环保市场的巨大潜力，目前正在准备二次创业。

【创业故事】

1. 尝试摸索，草创期小有成就

王海生毕业前，在河北大学工商学院的软件创业中心实习，在此期间，他经过实战，积累了许多宝贵的经验。临近毕业时便得到了公司的认可，被北京理正软件设计研究院录取，参与 OA 系统的研发工作。随之他发现国内软件市场前景广阔，萌生了创业的想法。于是，他便在 2007 年 10 月离开理正软件设计研究院，和其他三位同事开始创业，创立了盛世博创软件公司。在创业期间，他进行了很多尝试，如 CRM 系统、软件项目工程管理，但是效果都不理想，即便如此他也没有因此而放弃。皇天不负有心人，经过不断地调整公司发展方向，不断地去完善，去发现，去挖掘，一点一点地向目标靠近，公司逐渐步入正轨，进入智慧环保行业并取得了一定的成绩，从承接外包项目到成为环保业内小有名气的公司，业务范围覆盖承德、唐山、洛阳、南通等地域，他和他的创业团队成功地将智慧环保打造成全国的标杆性项目，在创业初期就小获成功。

2. 好事多磨，转型期遇艰难瓶颈

王海生和他的团队可以说是白手起家，没有得到风险投资，也没有

其他的资本加入。他们既要承接项目，又要控制成本，没有其他资金的注入，就无法去尝试一些新的领域和技术，使得公司的运行变得非常艰难。

经过一段时间的发展，王海生逐渐意识到这样的做法是不可行的，因为要想扩大公司的规模、拓展业务、实现创新转型，便会被两大问题所限制。一方面，当年创业凭的是一股盲目的冲劲，没有认真考虑好方向，到后期要维持公司的运转就要不断地去接各种项目，但又缺乏资金，需要最大限度地控制成本，人才不能得到有效补充，导致公司团队超负荷运转。另一方面，公司全部精力都投入到现有合同的交付和已有市场的维持，市场开拓进展缓慢；没有精力和资金进行产品的创新研发，融资困难，公司发展难以实现突破和转型。到了 2013 年，王海生意识到公司想要得到进一步的发展，需要经历一个漫长的瓶颈期，并且未来的发展有很大的不确定性，这种迷茫迫使其离开了创业团队。

而软通动力给了王海生另一种与之前相比截然不同的体验。软通动力现有 38000 人，经营多种业务，包括信息技术服务、智慧城市等多个领域，对于王海生来说，这是一个可以让他尽情施展才华的大舞台。

3. 心态转变，实习经历埋下创业伏笔

创业中心的实习经历，让王海生对创业有了很多新的认识。首先，工作与学习不同，学习是过程导向的，没有人要求你每一门课程、每一次考试都得 100 分；而工作是结果导向的，每一项工作都得做到 100% 才算完成。其次，对工作中的团队协作有了更深的认识。学习生活中的团队合作不是经常性的，体会不深。而工作中，每项任务都是由团队共同完成，每一天都是在团队中度过，团队中的成员分工明确、密切协作才能保质保量完成工作、按时交付。

正是因为在创业中心期间获得的这些心得体会，让王海生在就业后能够很快地适应工作。

4. 边创边学，完成角色转换

创业是一个持续投入的过程，这或许比给公司打工要累得多，但是否辛苦不能作为要不要坚持创业的标准，关键还是要确定一个明确的目标，为了达到这个目标要不断学习，提升自己的办事能力和抗压能力。

与众多的毕业生不同，王海生毕业之后先度过了 6 年的创业时光，在创业阶段，他担任着企业几乎全部的角色，既是一名普通的一线员工，又是一名四处协调的管理人员。然后王海生进入软件公司就业，继续学习和摸索，更多的决策工作及外部协调工作需要他去做，同时致力于企业文化建设和员工积极性的发挥，考虑更多的是企业的宏观发展方向。经过积累和沉淀，企业的运营完全市场化和社会化，并已经形成了完整的决策机制和执行机制，有了成熟的企业文化和特色的品牌和声誉，王海生完成了从一个创业者的角色过渡到现在负责公司一个部门的角色。创业这条路上，王海生努力向前，奔着下一个目标努力。在这里，他的"努力"已经不仅仅是为了自己的成功而努力，更多的是为了身边的人、为了跟着他打拼的这些兄弟姐妹而努力。因为成功的企业不仅仅是有一个腰缠万贯的老板，更多的是让企业的员工、最初的合伙人过得更好。也就是在实现自己的人生目标的同时，让自己的团队也实现他们的人生价值。

5. 目光敏锐，精准定位环保领域

在创业过程中，从 OA、CRM 到工程管理系统，王海生和他的团队经过不断的尝试发现都不可行，偶然接触到智慧环保行业，便发现了其中所潜藏的巨大商机。环保是一个朝阳产业、潜力巨大，近些年国家的投入和支持力度也在不断加大。我国"十二五"期间在环保方面的投入是 4 万亿元，"十三五"期间的投入是 17 万亿元，这个市场非常大。不过，环境保护的责任需要政府、企业、非政府组织和公众等社会各方共同分担，才能实现环境目标。

王海生预测，现在环保行业已经进入了一个井喷期，根据国外环境治理的经验，这个井喷期至少可持续 20 年，所以在环保行业发展一定会大有可为。他发现了这其中巨大的商机和发展空间，正在积极策划分析环保投资与经济转型的关系，量化分析环保区域差异与溢出效应，并对政府引导环保产业健康发展提出了建议，为再次创业做最充分的准备。经过前面创业期间量的积累，再次创业必将取得质的飞跃。

【创业感悟】

1.打开心灵之门，敞开心扉沟通

每一代人都有每一代人的特点，当代大学生比"80后"更有想法，想法也更加大胆，思路也更加开阔。所以在企业的经营过程中要清楚和员工沟通的接口是什么，工作界面是什么。可以说，沟通是企业运转顺畅的渠道，也是企业迈向成功之路的基石。

王海生在公司经营过程中明白如何合理地利用各种沟通渠道，采用多种沟通技巧，尽可能地与员工进行全方位的交流，建立了全方位的沟通机制。他始终保持一颗平等的心态，强调员工的重要性，员工的主体意识和奉献作用，让员工感到自己受到尊重并有主人翁意识，激发了与企业同甘苦的心态。王海生将尊重贯穿在企业中，既体现了管理者的素养，也体现了企业的文化。

2.坚持兴趣爱好，指引创业方向

王海生认为创业一定要按兴趣去做，一定要干自己喜欢的事情。因为创业是很沉重和艰苦的，如果做的事情不是自己喜欢的，实践过程就十分艰难了，所以创业要有自己的兴趣爱好，带着兴趣去了解这个行业，才有可能在这个行业里有所创新，有了新想法才有可能去创业。如果只是想创业赚点钱，可能不是很难，但要成就一番事业是要付出艰苦努力的。一旦决定做一件事，就要破釜沉舟，不要抱着侥幸心理。

【智慧点睛】

1. 积累人脉，致力团队建设

有一个志同道合的团队是创业企业特别宝贵的财富。团队内部的即时交流，关系到企业的成长和进步。

王海生的成功离不开团队的建设，团队成员为了团队利益与目标而相互协作，共同承担集体责任，齐心协力，汇聚在一起，形成一股强大的力量，成为一个强有力的集体，一同为着公司的发展壮大贡献自己的力量。只有每个人都付出100%的努力，心往一处想、劲往一处使，紧密配合、互相支撑，才能形成一股强大的力量，势不可当。在团队中还要明确自己的定位，要做什么，优势是什么。其次是积累人脉。在学校里要注意积累同学的人脉、老师的人脉，这些人脉在创业的过程中会发挥非常重要的作用，充分利用身边的现有资源为自己创业所用，为员工提供工作上的方便以及为个人人生价值得以充分展现提供舞台。

2. 充实自己，广泛涉猎学习

在王海生的大学时代，学校经常组织一些主题培训、讲座，这些讲座让王海生收获很大。关于工作方法、沟通方式等方面的困惑都得到了很好的解答，同时也让他对创业模式、职场注意事项等问题有了初步了解，还让他意识到，任何事情都是有解决方法的，沟通也是一样，工作当中的各种沟通都是有方法和套路可以遵循的。

而在创业期间，他认识到还要多读书。王海生和他的创业团队都是工科出身，工科生在创业过程中需要补充一些经济类、管理类的知识，不一定要研究多深，但一定要有所了解，等到创业的时候才能看懂财务报表，知道如何管理员工。这样领导者才能了解如何维持公司资金的高效周转，以及如何建立一个高效的管理体系。

3. 明确目标任务，找准发力方向

仅凭一时头脑发热，创业难以为继。不打无准备的创业仗，要对投身的行业和市场有较为系统的评估，把投资风险控制在自己所能承受的范围之内。

从王海生的创业经历来看，他之所以离开自己创立的公司，最根本的原因不是劳累，而是因为没有方向、没有目标，公司下一步的发展前景与现在付出的努力并不成正比。创业不能仅凭一股冲劲，在创业初期一定要选择好发展方向，明确创业目标，不论创业的过程有多么艰辛，只要你有明确的目标和路径规划，沿着这个路径走下去，再苦再累你也会觉得有意思。

如果创业没有选好方向，没有明确的目标，当公司发展到一定程度的时候，想要转型的时候就会发现，过去做的事情对你的转型是一个巨大的包袱，不可能把过去的团队和客户都丢掉，去搞创新、搞突破。过去的业务要继续做，就不得不继续投入，这对初创公司的转型升级是个巨大的挑战。所以明确自己的目标，有条不紊地向目标前进，才有可能取得成功。

立足专业
——生物仪器造就青年企业家

【人物名片】

创业英雄：米继东

出生年月：1978 年 11 月

所学专业：药物化学

毕业时间：2011 年 6 月

创业项目：北京博奥恒信生物科技有限公司，专业经营实验室和医疗设备，为各大高校、研究所、工业企业及医疗机构等提供全面、优质的实验室全套解决方案。

【前情提要】

米继东是一名学药物化学的理科男生，在北京毕业实习结束后，找到了一份工作，工作了几个月以后进入一家全球知名的生物仪器公司，在此

米继东近照

期间，他积攒了足够的人脉，为 2003 年创办自己的公司夯实了基础。公司创办伊始，是为他曾工作的生物仪器公司做代理销售，米继东把握住了该公司经营模式从直销变为分销的机会，成功创办北京博奥恒信生物科技有限公司。十几年来，他也在努力将自己公司的运营模式从代理销售转变为自己研发并生产各种生物仪器。公司以"致力于打造专业的技术支持团队，为用户提供一流的实验室整体解决方案"为发展方向，以帮助用户"提升实验质量，创造最大的效益"为努力目标，与客户携手并进，共同发展。如今公司的业绩如日中天，且蒸蒸日上。米继东用他精准的眼光与不温不火的态度成就了一番创业传奇。

【创业故事】

1. 经历积攒人脉，夯实创业基础

米继东本科毕业以后，来到了北京实习，实习期的锻炼让他更轻松地在北京找到了工作，并成功跳槽到一家全球知名的生物仪器公司做销售工作。在这期间，米继东利用自己的专业优势与人格魅力积攒了足够的人脉，于是一年后，他成功创办了自己的公司——北京博奥恒信生物科技有限公司。

公司成立以后，恰逢这家全球知名的生物仪器公司改变了经营模式，从直销转变为了分销，米继东牢牢把握住了这次机会，开始做这家生物仪器公司的代理销售，正因为这家公司的产品质量过硬，再利用自己前期积攒的人脉，公司可谓是起步顺遂，一帆风顺。从最初的河北办事处，发展到了内蒙古办事处、济南办事处甚至于北京周边，都建立了自己的销售团队，发展也是顺风顺水。

从开始创办公司到现在，除了代理销售，公司也在努力向着研发自己的产品转型，经过了十几年的时间，效果不可谓不明显。米继东的想法很明确，充分发挥自己及公司人才的优势，积极与各高校以及政府实验室合作，为我国科研事业贡献自己的力量。

2. 努力就有收获，坚持才会成功

和许多创业的同学们一样，米继东创业时也遇到了许多难以克服的困难，最困难的当属资金问题了。公司建立初期，米继东大学毕业还未满两年，资金的积累是非常困难的，在外企的辛苦工作也只是攒了启动资金的零头，幸好有家人的支持与朋友的帮助，凑够了公司的启动资金，公司才

公司年会现场

得以慢慢地发展起来，步入快速发展期后的公司便解决了所有的资金问题。

公司从代理销售做起，疯狂吸纳人才，同时开始组建自己的研发团队，将代理销售赚取的资金投入到公司内部生物仪器研发当中，逐步形成自己的特色，为我国高校、政府实验室等提供实验仪器，为我国生物技术的发展付出自己的努力。

当被问及企业最初的业务量时，米继东表示，从营业额上来看，最初的营业额只有二三百万元，现如今，公司的净营业额已经增长到了去年的1.6 个亿。公司也从一个启动资金仅 20 万元的小公司，逐步发展成了一个集研发与销售为一体的综合企业。米继东为公司付出的心血难以言说，如今公司的成功发展正是给予他辛苦工作的最好回馈。

3. 充分发挥奖励机制，促使团队和谐发展

米继东的公司能够持续发展并始终立于不败之地，这与公司员工的向心力是分不开的。他在招合作伙伴时首先要求大家要有一致的共同目标和发展方向，更要为了大家的共同目标而努力；其次要求合作伙伴要始终学习，与时俱进，随着生物技术的发展而丰富自己的知识储备。所有员工心往一处想，劲朝一处使，便组成了现在这个无坚不摧的公司。

公司团队员工的流失率很低，整个团队的工作氛围积极向上。到目前为止，公司创办已有十几年，公司里有许多任职超过五年甚至十年的员工，工作超过三年的员工离职率仅有1%，这主要归功于公司每年颁发的"十年贡献奖""五年贡献奖"，公司的中坚力量越来越多，公司的发展才会越来越稳定。

当问及米继东是如何让员工们坚持为他付出时，他认为，首先最重要的是让大家能够看到企业是一个蓬勃向上、快速发展的企业，大家的职业生涯也在随着企业的发展有了更好的变化。其次，就是要做诚信的企业，同时要求员工做诚信的事。还有就是做事要对事不对人，工作中大家是同事，私底下大家是朋友，处理问题时不可以掺杂个人感情因素。懂得尊重他人的人，才会受人尊重。米继东秉持着尊重每一位员工的原则，为公司

的和谐发展提供了更磅礴的力量。

4.立志剑走偏锋，争当全球之首

米继东的公司从代理销售其他公司的产品，一点点地在努力向研发公司转变，从两三年前开始，公司就开始做一些自主设备、实验试剂的研发生产，预计2017年将在天津建立一个生产车间，主要做生物医学和技术研发等工作。除此之外，米继东还有一个专门的投资公司和专家团队，主要做生物技术、生物克隆等方面的研究，并成功取得了科研成果——全球首例基因编辑的动物模型犬。

此次试验成功最重要的成果是可以用作生物医药模型，可以用于在药物研发的过程中要做的毒理和代谢的实验，也可以用于病理的解剖医学方面的研究。基因编辑的动物模型犬可以替代人类试药用药。帕金森、重症肌无力、渐冻人症等人类疾病，可以在模型犬的身体上重现，这样可以用模型犬进行人类疾病的病理机制和治疗方法研究。

这次试验从公司组建研发团队到取得科研结果耗时一年多的时间，斥资近千万元，所幸付出的努力没有白费，此次科研成果得到了国际上的认可，2017年3月下旬，米继东和他的研发团队将接受美国哥伦比亚电台的采访，届时也会对这次试验专门进行报道。

5.百尺竿头须进步，十方世界是全身

北京博奥恒信生物科技有限公司一直都在发展，但米继东并不满足，现在公司还处于代理销售其他公司产品的阶段，米继东希望自己的公司可以长久地发展，所以想将公司进行转型，从贸易型的公司转变为生产型企业或者研发型企业。

公司现在代理的产品基本都是国外的，在生物技术领域，国外在研发上一直走在前面，国内舶来品过盛，最缺乏的便是原创，米继东正是看穿了这一点，想要从自身做起，为我国创新作出贡献，在研发中加大投资力量，促使科研人员加大研发力度。米继东希望国内也可以生产科研仪器，

公司办公场所

能够替代国外生产的产品，甚至去做一些比国外仪器更有特点的中国式产品，在未来可以有一些技术出口的产品，在更大的市场上有所建树！

【创业感悟】

1. 唯有杀伐决断，才能落子无悔

米继东毕业一年后便创办了自己的公司，一直持续发展至今，这与他的果敢、坚毅是分不开的。他在工作一年后能够放弃全球知名企业的工作，只身走上创业之路，借着原公司销售模式转变之风，利用自己前期积攒的人脉，为自己的公司代理销售找到出路。他一旦下定了决心，便会拼尽全力，向着自己的梦想努力。十几年的创业路，他走得不可谓不艰辛，但他仍然在为自己、为公司、为整个国家付出自己的力量。将公司从贸易型转变为研发生产型，这一大胆的想法在他的脑海中早已付诸实践。机会

总是留给有准备的人，米继东为公司所做的准备，总会遇到他人难遇的机会，成为无法估测的成就。

2. 发挥个人优势，利用身边资源

米继东认为，创业前期，一定要做大量的考察工作，创业从来不是头脑一热的事情，首先要了解市场。我们应发挥当代大学生的优势，让灵活的头脑用在正道上，快速接触新鲜事物，为以后创业打下知识基础。有了创业热情，便要充分发挥，利用个人优势找准创业方向，朝着创业目标，找到创业方法，秉着绝不放弃的原则，利用身边一切可利用的资源，为自己的创业之路铺平垫稳，走向成功。

3. 既然选择了远方，便只顾风雨兼程

创业难，难于上青天，然而创业路上，最重要的便是坚持。米继东在和朋友聊天时说道，什么是好公司？能够活下来的就是好公司，一个公司只有长久地发展下去，才会成为人们口中的好公司。如果想要自己的公司成为好公司，公司的高层便要始终懂得坚持。创业初期受到打击要坚持不放弃，创业过程中遇到刁难要坚持去解决，公司发展起来后要坚持内部和谐，使得公司更上一层楼。既然选择了去创业，就要相信努力就有收获，坚持才会成功。

【智慧点睛】

1. 目光如炬——把握创业机遇

成功属于最早付出行动的人，而米继东正是这样的人，他通过自己在一家全球知名的生物仪器公司的任职经历，积攒了足够的人脉。掌握信息是决定经营成败的关键因素，恰逢公司销售模式发生改变，米继东迅速成

立自己的公司，为他先前的公司做代理销售，为自己公司的后期发展夯实了资金及客户的基础。难以想象，一个视听封闭、优柔寡断的企业领导能够先人一步地抓住机遇，而米继东这样的企业经营者却是运筹帷幄、决胜千里的。

2. 适时转变管理模式，公司方能高速发展

随着米继东团队的建立，包括售后服务、技术支持及市场稳定等，公司的发展也经过了几个跳跃时期。首先，公司区分了一下代理品牌和打包业务，代理品牌的问题考核方式应当做出改变，从以前完成一个销售业务，到现在以销售量考核进行区分，提高大家对产品的认可度，使得公司得以快速地发展。其次，公司在市场的专注度上做好支持，包括售后服务，以及市场的覆盖。比起那些只关注大市场的公司，米继东的团队更关注细分市场，公司人员的合理分配，用细致超越其他竞争对手。

为了维系客户的长久合作，公司会根据客户的科研力量改变售后服务规则。比如产品的维修、保修期内的产品会免费维修，而保修期外的产品，有时则需要公司去负担，尤其是科研能力较强的机构，公司愿承担仪器的维修费用，一方面为了以后更好地合作，另一方面更重要的是可以为我国科研事业作出一些辅助性的贡献。

3. 门对门，客户会，营销方式非绝对

公司开始时的客户群体基本上都是米继东工作时积累的资源，公司发展至今，客户群体不再局限于最初的那些产品销售对象。公司通过门对门和客户会的形式，逐渐扩大自己的客户群体，每年公司会举办针对政府实验室解决方案的行业会，提出解决科研问题的方案，届时，公司会邀请有需求的客户前来参加会议。例如，某一个实验室有一个检测项目，但非专业人士无从下手，不知道应该用什么仪器，进行什么操作，而每年的客户会就是针对这些人士，公司提出解决方案，应该用什么仪器检测什么物质。公司在解决方案上给出专业的建议，借此留住老客户，发展新客户。

乘时借势

——投身电气行业披荆斩棘

【人物名片】

创业英雄：左忠辉

出生年月：1979 年 6 月

所学专业：产品质量检验

毕业时间：1999 年 6 月

创业项目：保定市鑫诺翔电气有限公司，专业致力于电气工业领域，以发供电行业为主要服务对象，开发、研制各种电气自动化装置，继电保护设备，监测、检测设备等。

【前情提要】

左忠辉是鑫诺翔电气有限公司的总经理。在创业之前，左忠辉曾入职稳定的国有企业。后来，不甘平淡的他毅然辞职，应聘从事电气行业的销

左忠辉近照

售工作。几年的销售经验，使他对电气行业有了充分的了解并掌握了一定的市场资源。在 28 岁时，左忠辉与两位伙伴开始了创业征程，创办了保定市鑫诺翔电气有限公司。时至今日，鑫诺翔电气有限公司年销售额已逾千万，跻身保定市电气行业的前列，成为民营企业的优秀代表。伴随着我国电力行业的不断发展，以及政府对新能源发电技术的大力扶持，左忠辉将带领鑫诺翔电气有限公司继续乘时借势，开拓更加宽广的市场，开创更加灿烂的未来。

【创业故事】

初识左忠辉，他给人的印象是那样憨厚、朴实，脸上总挂着温暖的笑容，谈吐缓和而坚定，并没有大多创业者的耀眼锋芒。袅袅茶香中听他娓娓细述近十年的创业历程，感觉与其他创业者相比，左忠辉的创业之路好像更为顺畅。然而没有任何创业是"天上掉的馅饼"，没有任何成功是坐享其成，左忠辉的创业故事背后满是坚持与智慧。

1. 勇于突破，积累经验，奠定基础

大学毕业后，左忠辉像大多应届毕业生一样，努力寻求一份稳定的工作，不久他幸运地进入本地一家传统国有企业。两年后，正苦于被安逸、平凡紧紧锁牢的他，从做销售的朋友口中了解到了另一种富有挑战的生活。于是他心生向往，并毅然辞职，开始四处竞聘销售工作。可是现实远没有想象般美好，由于没有销售经验，性格偏于内向，左忠辉在面试中屡屡受挫。最后，终于有一家企业愿意让他试一试，这正是一家电气产品销售企业。

在这家企业，左忠辉一干就是几年，从最初的不懂专业，不懂业务，没有市场，到后来每年都能稳定地签订几百万的订单，左忠辉付出了艰苦卓绝的努力，同时也收获了电气行业的知识和相关经验，聚集了广阔的市场、人脉，为日后的创业奠定了坚实的基础。

2. 俯首耕耘，执着果断，趁势而起

"艰苦卓绝的努力"，绝不仅是说说那么简单。作为一个门外汉，左忠辉最初的工作从学习产品说明书开始，之后跟着师傅跑市场，学习如何与客户沟通，如何推广产品，再后来自己独立负责一片区域。

市场营销不是想干就能干好的工作。左忠辉在负责河南市场的几年，几乎每年只能回家几十天，其余每天的任务就是跑客户。电气行业的客户大多是电力企业，大都建在荒郊僻岭。为了送出产品资料，左忠辉乘坐过汽车、拖拉机、三轮车，有些地方偏僻得没有公共交通，要徒步两三个小时才能到达。然后，不厌其烦地敲开客户的门，留下产品资料。幸运的时候，他会有机会与客户聊聊产品，话话家常，但更多的时候会吃闭门羹，会遭冷语相待，甚至人家都不正眼看他一眼。送出去的产品资料多是石沉大海，最初的一段时间，左忠辉业绩惨淡。为此他曾一度感觉坚持不下去了，就此放弃，幸好当时遇到了一个机会，他紧抓不放，终于峰回路转。

左忠辉至今仍清晰地记得，一天傍晚他突然接到一个电厂的电话，向他咨询产品信息。电话中他得知对方正在筹备一个大项目，他的产品虽然只是其中一个小小的部分，但已过百万。放下电话，左忠辉毫不犹豫，连夜赶往电厂。当客户第二天来上班的时候，看到在门口等候的左忠辉，惊讶万分，几个小时的路程，不知他多早就出发了，又在门外等了多久。他们见面谈了很久，左忠辉详细地介绍了产品信息。当了解到客户其实已经联系了好几个供应商，而且并不是最中意他们的产品，希望有机会到工厂实地调研的想法后，左忠辉当机立断，陪同客户打车几个小时从河南赶回保定工厂，实地考察。客户最终被左忠辉的执着、果断、实在、周到所打动，没有再货比三家，立即与他签订了合同。这是左忠辉销售生涯中的第一笔百万订单。

从那以后，左忠辉或许是摸到了门道，抑或是增长了信心，整个河南市场被他逐步打开，他的销售业绩不断提高，工作渐入佳境。

3. 居安思变，整合资源，艰辛创业

之后的几年里，左忠辉拥有了比较稳定的客户群，每年都能轻松签订几百万的订单。在他已经被众人视为成功者的时候，他并没有贪图安逸，而是居安思变，萌生了自己创业的想法。不仅是因为左忠辉平静的外表下埋藏着一颗不安分的心，更是出于他对家庭的责任——已经娶妻生子的左忠辉感到自己已经不再适合长期在外的工作。于是，2008年，左忠辉离开奋斗了几年的企业。离职时，他心怀感恩。几年的磨炼，让曾经稚嫩的雏鹰拥有了丰满的羽翼，足以振翅长空，拥有了敏锐的双眸，足以洞悉千里。

离职后，左忠辉与早于他离职的两位同事兼好友几经商议，合伙开办了现在的鑫诺翔电气有限公司。这支三人团队，一个技术专家，两个销售骨干，他们对电气行业了解透彻，经验丰富，资源充沛。他们情谊深厚，观点一致，配合默契，堪称现实版"中国合伙人"。公司也因此平稳起步。

创业看似水到渠成，但并不是一切都顺风顺水。第一年，公司营业

公司新年茶话会现场

额约百万元，但除去成本基本没有什么盈利。左忠辉作为公司总经理，个人收入竟少得可怜，与在企业打工时的收入相比简直不可同日而语。家人开始怀疑他的选择，但是他顶住压力，没有动摇，继续坚持技术创新，品牌打造，广招人才，开拓市场。经过多年精益管理，公司业务不断壮大，运营逐渐步入正轨。目前，创办将近十年的鑫诺翔电气有限公司，市场遍布全国各地，年销售额逾千万，成为保定市电气行业中著名的民营企业。

4. 坚持创新，重视质量，打造品牌

左忠辉对公司的定位，是集科研、开发、生产、销售为一体的高新技术企业。他要求企业有独立的研发团队，有自己的技术专利，这样企业才具备更强的核心竞争力。在他的带领下，鑫诺翔电气有限公司从创建之初便走上了科技创新的道路。除了自主研发，公司更是坚持与高校进行科研合作，共同研发新技术、新产品。目前，企业已拥有技术专利6项，欧盟认证3项，软件著作权6项，多次获得政府科技创新奖励。

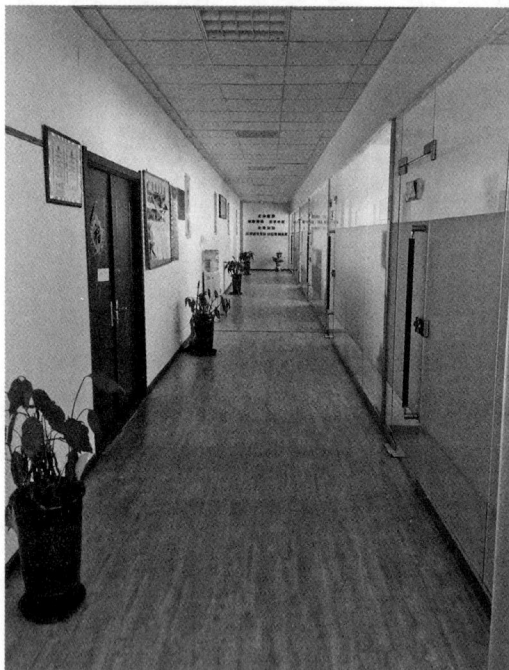
公司办公环境

"以质量求生存，以信誉创品牌"，这是鑫诺翔电气有限公司的企业宗旨。产品质量检验专业出身的左忠辉当然知道"质量是企业的生命线"的道理，在生产中他提倡"每一位员工，坚持预防为主，第一次就把工作做好；每一件产品，从设计到服务，所有过程都严格控制"的质量方针。

然而，一次与同行企业竞争失利的教训，让左忠辉认识到，只是在生产各环节严把质量关仍然不够，供应商自己所说的质量，在客户看来是难以完全相信的，只有各种国家级检验报告才是客户信任并选择产品的重要依据。于是，公司不惜昂贵的检测费，坚持每年将产品向质检机构送检，目前已拥有国家级型式检验报告十余项。

雄厚的科研能力和过硬的质量保证，加之优质的全程服务，使鑫诺翔电气有限公司的品牌价值不断提升。

5. 紧跟政策，抓住机遇，前景广阔

鑫诺翔电气有限公司自诞生之日起，就是一个幸运儿。它的所在地保定享有"中国电谷"的美誉，拥有诸多电力企业，电气行业技术先进，实力雄厚，市场广阔，更有相关政策大力扶持。

公司创办之初，就赶上国家电网改造，各地大力兴建电厂。这对服务于电力行业的鑫诺翔电气有限公司来说，无疑是一个巨大的市场。正是这

发展的东风，让公司得到了发展的机会。

近年来，国家大力发展新能源发电，左忠辉更是从中看到了大好商机。为顺应市场需求，他及时将公司的研发、生产重点向新能源电气技术转舵。这令企业未来市场形势一片大好，同时也受到了政府的大力鼓励和扶持。

在一个个机遇的浪潮面前，左忠辉始终保持着清醒的头脑和敏锐的目光，对于未来，左忠辉充满信心，相信他将带领鑫诺翔电气有限公司继续乘时借势，开拓更加宽广的市场，开创更加灿烂的未来。

【创业感悟】

1. 创业团队，默契配合

说到对创业的感悟，左忠辉特别提到了"团队"。鑫诺翔电气有限公司能有今天的发展，离不开公司三位初创成员的努力。共同创业近十年，公司的所有重大决定，都是经过创业团队三位成员共同探讨做出的。公司创立到现在，从未有一个人，因为个人私利独断专行，人人都以大局为重，不计个人得失。创业团队相同的创业理念，亲密无间的合作与非比寻常的默契，使公司能够心无旁骛地谋求发展。这就是我们一直向往并不断追求的团队。

2. 注重质量，不断创新

左忠辉有着长远的目光和全局观念。他深知公司要谋求持续发展，必须提高自身核心竞争力。竞争力来源于客户对产品质量的认可，来源于产品技术不断创新顺应市场。因此他每年拿出大笔资金投入到产品检测报告的获取和新技术新产品的研发中。这使得企业发展更具活力，更具发展潜力。

【智慧点睛】

1. 勇于突破，有舍有得

左忠辉是一个不墨守成规的人，从放弃国有企业的铁饭碗，到辞掉高薪工作毅然创业，他似乎每次都为自己的抉择下了不小的赌注。我们每个人在人生旅途中都会遇到这样或那样的岔路，在每个岔路口前，你有没有勇气偏离路线，调转方向去看看不一样的风景？这其实并不是一场赌博，如果你真正想清楚你想要的到底是什么，就请鼓起选择的勇气，莫怕舍弃。有人说，人生就是选择，而放弃正是一门选择的艺术。有时候没有果敢的放弃，就没有辉煌的收获。

2. 坚韧不拔，一往无前

如果不是你想要的，莫怕舍弃，但如果是你想要的，请努力坚持。左忠辉有着敏锐的眼光，他一旦认定，就会执着于此。他曾默默地在销售岗位上耕耘，等待机会，也曾在创业初期的惨淡中坚持，毫不动摇。坚持是一种精神，尤其对于创业。借用马云的一句名言："今天很残酷，明天更残酷，后天很美好，但绝大多数人死在明天晚上。"

3. 乘时借势，紧抓机遇

左忠辉拥有识别机遇的敏锐目光和抓住机遇的果断坚定，这使鑫诺翔电气有限公司的创立和发展显得格外顺利。实际上，初创企业欲在激烈的竞争环境中立足，面临着重重困难和挑战，此时对机遇的识别和把握就显得尤其重要。对于一个初创企业，时代机遇可以分为两种，一是创业机遇；二是政策机遇。紧抓时代机遇可以化解困难，顺势而就，事半功倍。

在创业的路上，左忠辉给同学们树立了一个良好的榜样，衷心地祝愿保定市鑫诺翔电气有限公司事业蒸蒸日上！

责任编辑：刘海静

责任校对：曹楠楠

图书在版编目（CIP）数据

大学生创业案例教程 / 李军凯 主编 . —北京：人民出版社，2017.8

（2019.2 重印）

ISBN 978－7－01－017974－2

I. ①大…　II. ①李…　III. ①大学生－创业－案例－高等学校－教材

IV. ① G647.38

中国版本图书馆 CIP 数据核字（2017）第 182319 号

大学生创业案例教程

DAXUESHENG CHUANGYE ANLI JIAOCHENG

李军凯　主编

人民出版社 出版发行

（100706　北京市东城区隆福寺街 99 号）

天津文林印务有限公司印刷　新华书店经销

2017 年 8 月第 1 版　2019 年 2 月北京第 2 次印刷

开本：710 毫米 ×1000 毫米 1/16　印张：13.75

字数：218 千字

ISBN 978－7－01－017974－2　定价：42.00 元

邮购地址 100706　北京市东城区隆福寺街 99 号

人民东方图书销售中心　电话（010）65250042　65289539